新聞製作入門

熊取 義純

印刷学会出版部

はじめに

　現在、新聞は多彩な形態となって世の中に存在している。とくにネット配信の時代に入った現代は、従来の紙メディア（リアルメディア）では、広告の減少や購読者離れなどさまざまな問題も抱えている。ケータイで見出しだけを見て済ませてしまうユーザーも多い。

　しかしリアルメディアには、ネット配信にないさまざまな長所がある。紙の特長である折り畳み可能なことや携帯性の良さ、見開きで紙面全体を見渡せたり、斜め読みができること、またメモができたり電源がなくても見ることができるなどである。そして、奥行きある記事や深く考察する解説などを読み、自身も深く考察するには、リアルメディアでなければ実際にはなかなかできない。

　本書は、このなくてはならないリアルメディアの新聞に関して、どのように作られ、読者の目に届くのか、基本的概要を解説した。学生から新聞記者、新聞印刷の現場の方々まで、わかりやすく説明したつもりである。

　本書により、奥深くものごとを考えることに供し、そして大量発行可能な新聞ができるまでの一端を知っていただけたら幸いである。

2010年4月　東京機械製作所

目　次

はじめに

第1章　新聞ができるまで ……………………… 7
- ◆新鮮なニュースを届ける工夫 ……………………… 7
- ◆3つの「プレス」 ……………… 10
- ◆前工程（プリプレス） ……………… 12
- ◆印刷工程（プレス） ……………… 13
- ◆後工程（ポストプレス） ……………… 14
- ◆世情を表す新聞 ……………… 15

第2章　入稿、紙面編集 ……………………… 17
- ◆入稿 ……………………………… 18
- ◆紙面編集 ……………………… 19
- ◆カラーマネージメントと色校正 ……………… 21
- ◆デジタル化した前工程 ……………… 25

第3章　紙面伝送と製版 ……………………… 26
- ◆紙面伝送 ……………………… 26
- ◆製版（CTFとCTP） ……………… 27

- ◆フィルム製版システムとの比較 ………………… 31
- ◆製版工程での今後の展開 ………………… 32

第4章　給紙・印刷・折り・排紙 ………… 33
- ◆新聞オフセット輪転機の構成 ………………… 33
- ◆新聞の規格と輪転機の概略 ………………… 35
- ◆給紙部 ………………………………………… 37
- ◆印刷部 ………………………………………… 39
- ◆レールフレーム部 ……………………………… 41
- ◆折り部 ………………………………………… 42
- ◆自動化とプリセット …………………………… 44

第5章　新聞オフセット輪転機の周辺機器　46
- ◆自動化が進んだ周辺機器 ……………………… 46
- ◆プレスコントロールシステム ………………… 46
- ◆自動紙継ぎ支度装置 …………………………… 48
- ◆自動巻取紙搬送装置 …………………………… 49
- ◆全自動紙通し装置 ……………………………… 51
- ◆自動見当制御装置 ……………………………… 52
- ◆カットオフコントローラー …………………… 53
- ◆紙面検査装置 …………………………………… 54
- ◆カラー品質制御システム ……………………… 55
- ◆ブランケット洗浄装置 ………………………… 56
- ◆インキローラー自動洗浄装置 ………………… 57
- ◆ガイドローラー洗浄装置 ……………………… 58
- ◆周辺機器が支える新聞印刷 …………………… 59

第6章　キャリア・発送システム　………… 60

- ◆キャリア ……………………………………… 60
- ◆カウンタースタッカー ……………………… 62
- ◆枚葉式下敷供給装置 ………………………… 63
- ◆宛名札印刷添付装置 ………………………… 64
- ◆包装結束機 …………………………………… 65
- ◆仕分けシステム ……………………………… 69
- ◆宛名札オンラインシステム ………………… 71
- ◆新聞印刷独自の後工程 ……………………… 73

- あとがき ……………………………………… 75
- 用語解説 ……………………………………… 76
- 索　　引 ……………………………………… 80

第1章
新聞ができるまで

◆新鮮なニュースを届ける工夫

　まず初めに、新聞がどのような記事で構成されているかを説明したい。新聞製作を論じる上で大きな意味があり、同時に新聞の使命についても理解いただけると思う。

　新聞を読む前に欄外に記されている記載事項をご覧いただきたい。(図1-1)

　通常「ノンブル」という言葉で表現され、ページ、版（13版、14版など）、年月日、分類（政治、経済、社会、スポーツなど）が記されている。新聞の各ページで政治、経済、スポーツ、国際などニュース性を重んじるものと、文化、生活など速報性を重んじないものとで構成されている。また、地

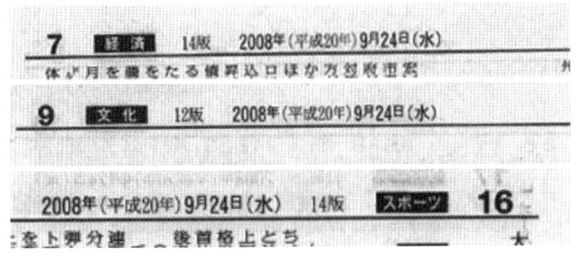

図1-1　欄外情報の記載例

新聞ができるまで　7

域という分類（東京、埼玉、横浜など）で地域の情報をまとめて掲載しているページがある。

　新聞は、基本的にはページを「面」という概念で扱い、面ID[*]として管理される。例えば横浜のエリアに送られる新聞は輸送の時間をみて降版時間の遅い14版が配布可能であり、テレビ欄は東京の通常の番組表で良いと区別し、1ページ目から最終ページまでの記事の構成を決定し、版の面情報として整理する。そして読者の居住地区の地域ニュースを掲載した地域面と、輸送時間が考慮された中で最新のニュースが載せられる版（ニュース面）の面を組み合わせて1部の新聞として構成する。

　記事は新聞記者が取材し出稿した原稿を編集会議で紙面のどこに記載するかを検討し、記事の内容を端的に表現できる見出しをつけ、関連の写真を選び、読者の知りたいという欲求を満足すべくコンピュータ上で紙面としてレイアウトされる。広告はクライアントの要求により掲載位置を決定し、紙面レイアウトの中に組み込み印刷イメージを作成していく。

　各ページの紙面構成ができ上がった段階でCTP[*]に出力するための画像データとしてCTPサーバーに出力し、面IDで管理される。新聞は面IDの集合体として管理され、配布エリアにより降版時間との関連をみて1部の新聞として構成する。

　その中でニュース性を追及される面は時間とともに更新され、版が後になるにつれ新しくなるが文化面、生活面などのニュース性を追及しない面は最終の印刷スケジュールまで更新されないのが普通である。

新聞は読者に結びつく新聞販売店が読者数を管理しており、新聞社に自分の販売店の配送部数を日々要求する。新聞社は販売店が存在する地域をみて、当該版の印刷部数を集計して、版の印刷部数を決定していく。

　版の印刷部数が決定されると、販売店までの輸送時間を考慮し、販売店への店着時間を守るための刷り出し時間を決定し、自社設備の輪転機の印刷スケジュールを作成し印刷する版を振り分ける。新聞社から遠くにある販売店は早い時間に印刷を終了して配送する必要があるため、新聞記事の締め切り時間を早い時間に設定し、地域版ごとで括って印刷計画の上位に配置し早く印刷が完了するようにスケジュールを決定する。（図1-2）

　新聞1面の欄外に記載されている「13版」、「14版」と書かれている数字が版の締め切り時間が早いか、遅いかの印である。数字が大きくなればなるほど遅く印刷している。

　新聞社が都市の中心部に位置しているのは、読者の多い中心部に最新の紙面（版）を送るためである。

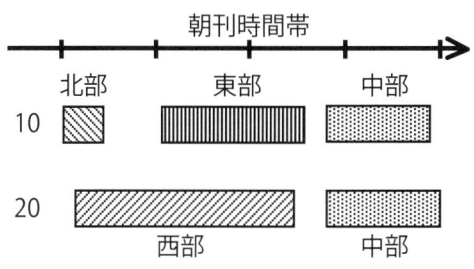

図1-2　印刷計画の例

地域面とは地域の情報「地ダネ」を中心に記事が編集され、最終面の2〜3ページ前に組み込まれているのが普通で、「神奈川」や「横浜」などの地域の名称が欄外に記載されている。

　ラジオやテレビ欄も地域によっては近県の放送が受信できるため、地域版のエリアにより変えられることもある。

　広告も地域には大きな意味があり、各地域のクライアントが有効に広告を掲載できるように地域版と重なるような範囲で広告切り替えを行えるように考えられている。

　このように版の概念はニュースの締め切りが早いか、遅いかだけではなく、掲載する地域のニュース、広告の地域性を考慮して分割されている。

◆3つの「プレス」

　新聞製作の工程は、前工程（プリプレス）、印刷工程（プレス）、後工程（ポストプレス）に分かれる。

　前工程は、パソコンなどによる記事の入力やデジタルカメ

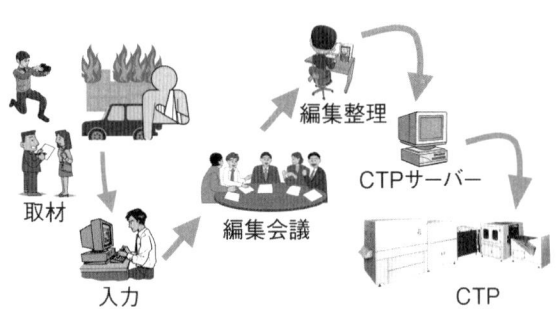

図1-3　新聞が読者に渡るまで

ラおよびスキャナーによるコンピュータへの画像取り込みから、各面を作成する組版、コンピュータのデータを元に出力したフィルムから刷版*を作るフィルム自動製版機および刷版をコンピュータのデータから直接作るCTP自動製版機による刷版作成までの工程となる。

　印刷工程は、輪転印刷機での作業となり、印刷準備作業、例えば巻取紙（ウエブ）の準備、どの印刷機にどの面・ページを割り当てるかを決める面割付（わりつけ）作業、印刷プリセット、紙通し、版掛けなどから、実際の印刷までとなる。

　後工程は、折り機から排出された生産物・新聞紙が、キャリア（搬送機）により発送場まで運ばれ、カウンタースタッカー（62ページ参照）に入り受注部数のスタック（新聞束）に分けられる。そして配送トラックが待つ仕分け場で宛名札を添付され、仕分け装置で行き先別の発送ゲートに振り分けられて行き先別のトラックに載せられるまでの工程となる。(図1-3)

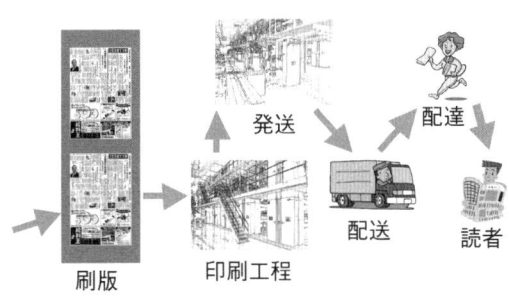

◆前工程（プリプレス）

　情報処理およびネットワーク技術が発達した結果、記事の入力や画像の取り込みから、フィルムまたは刷版への出力まで、すべての作業が一元的にコンピュータの中でデジタルデータとして処理可能となった。現在は、新聞社内からだけでなく、あらゆる現場から、新聞社のサーバーへ記事の入稿が可能である。

　一昔前の新聞輪転機は凸版が主力で、重たい鉛の版を使用していた。美しいカラー印刷もせいぜい単色をスポット的に入れる程度であったが、現在はオフセット印刷が主流になりカラー印刷をすべての面に入れられるような機械構成になっている。オフセット印刷になったことにより版をデジタルデータとして遠隔地に送信できるようになり、工場を分散して建設して読者に配送する輸送時間の短縮が図られ、最新のニュースを掲載した新聞を広い範囲に配布することが可能になった。

　製版工程もプロッター*でフィルムに紙面を出力して、製版機にフィルムをセットし、光源で版材に感光させていた製版方式から、直に版材に描画するCTPが出現し製版工程の大幅な短縮と合理化が図られてきた。CTPサーバーに面単位で格納されたイメージのデータを印刷する版の構成に整理してCTPをコントロールするシステムである。CTPサーバーに格納されている面を版の括りで生成しその地域に送られる新聞として整理し、輪転機の印刷スケジュールに合わせてCTPより刷版を出力する。

写真 1-1　版の装着作業

◆印刷工程（プレス）

　出力された刷版を面割付けに合わせて輪転機の各印刷部の版胴に装着させる（写真 1-1）。新聞は記事や広告の量、媒体によって毎日ページ数が異なる。そのためその日のページ数に合わせて輪転機のどの印刷部で、どのページ（面）を印刷するか、割り当てる必要がある。これを面割付という。

　輪転機のセット数は新聞社の発行部数（印刷部数）と配布エリアまでの輸送時間、新聞販売店の店着時間を考慮して決定される。発行する版の降版時間とその地域の印刷部数を見て販売店の店着時間から逆算した社発時間が算出され、工程上満足できないときには輪転機のセット数を増やし同時印刷する工程を組む。

　一般論として輪転機 1 セットの朝刊印刷部数は 15 万〜20 万部を想定し、輪転機のセット数を決定している。発行部数の多い新聞社では輪転機のセット数が多くなり、少ない新聞社では少なくなる。

◆後工程（ポストプレス）

　新聞は読者に届いて使命が果たされる。読者には販売店から配達されるが、販売店まで新聞を運ぶトラックの管理をいかにするかが発送システムの基本となる。発送は新聞社の中で機械化が遅い部署であったが、近年はコンピュータ化されて輪転機を出た新聞は人手に触れることなく販売店まで送られるようになった。

　輪転機の印刷順を決定した印刷スケジュールは発送システム制御の基本をなし、輪転機からキャリアで接続されたカウンタースタッカーでは何の版が印刷されているかの判断基準となる。発送システムにおけるデータの管理形態は販売店が基準で、何の版を、どのトラックで、何部を運ぶか体系的に管理している。

　版の中の販売店へのコース（配送経路）は輸送時間のかかるコースから処理されるように順番が設定されており、コースの中の販売店はトラックの運転席側（前方）に積まれる販売店、つまりコースの最後に降ろす販売店の順番で発送処理される。（図 1-4）

　発送システムにはもう 1 つ大切な目的がある。それは販売店に送られる新聞がすべて印刷されたかを確認する任務である。キャリアから新聞の流れを受けるカウンタースタッカーの計数信号が、全販売店分の送り部数を計数完了したかが輪転機を停止させる判断基準となる。各販売店の部数を合算した予定印刷部数から、現在印刷された部数を減算した残部数を管理、表示しており、キャリアの中にあり、まだカウンタースタッカーに入っていない新聞の部数をキャリアの保持

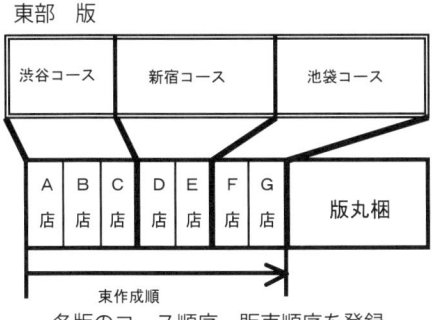

図 1-4 版、トラック、店の管理

部数として信号を取り込み、輪転機の停止タイミングを決定していく。

残部数の表示装置は発送現場に限らず、印刷の現場、編集職場に設置されており、編集記者は飛び込みのニュースが入った段階で、どのタイミングで輪転機を停止させ、版替えをすべきかの判断材料としている。

◆世情を表す新聞

新聞は各家庭で見ると 1 種類だと思うかもしれないが、このように読者にいかに最新のニュースを載せて早朝に宅配するか、細心の注意を払って製作されている。

新聞は事実の経過を載せるだけでなく論説で新聞社の意見を述べ、過去の履歴を調査して事実の背景を語りかけてくる。したがって新聞は著作物であり、掲載記事には著作権が認められ、読者の世情判断を多方面からサポートしていると考え

てよい。

　再販の特殊指定問題が取りざたされているが、新聞は文字文化の基本であり、著作権は十分保護されるべきである。

> ### Column：1　新聞の長所
> 　情報の速報性という意味では、テレビ・ラジオの登場で、新聞はその地位を電波メディアに譲ってしまいました。さらに、インターネットは速報性に関し、圧倒的な強さを見せています。
> 　しかし、インターネットに関しては、大きな問題があります。新聞社や通信社、テレビ局が配信する内容は、紙の新聞にせよ、ネット配信にせよ、これらの会社が責任を持って流しています。ところがインターネットの場合、責任能力のないどこの誰だかわからない人が間違った情報を発信しても、それが真実となって伝わってしまう危険性があります。
> 　新聞は、1つの事件、事象に対して、論説記事という形で、深層まで考慮した情報を掲載し、読者に考えることを促します。新聞の記事は古くさいという人もいます。いつ・どこで・何があったという表層だけを知りたいのであれば、たしかに新聞は不要かもしれません。しかし、それは新聞を発行するという使命やジャーナリズムではありません。また、インターネット上の記事のヘッドラインやその要約記事だけで、情報を得るのは十分というような意見もありますが、その物事の背景や多様な独自の切り口で深く論じられた論説記事は、リアルメディアである新聞からでしか得られないと考えます。読者が物事の深層まで考えられるよう、これからも解説記事や論説記事が掲載される新聞の役割は大きなものがあります。

第2章
入稿、紙面編集

　新聞製作の前工程となる、入稿および紙面編集である。

　入稿については、現在、記者は記事を手元のパソコン（PC）でデジタルデータとして入力し、カメラマンはデジタルカメラで撮影した写真をデジタルデータとして保存する。通信社からの記事はデジタルデータで配信され、広告はデジタルデータで受信され、新聞紙面の素材は新聞社内においてデジタルデータで管理されている。

　一方、紙面編集は、鉛版*が使われなくなってからしばらくの間、文章は紙に打ち出し、写真は紙面のサイズに焼き付け、それらを切り取って台紙に貼り付けて紙面を組んでいた。しかし、現在ではCTS*と呼ばれるコンピュータで処理する編集整理組版システムになり、DTP*が可能となっている。

　CTSは、電算写植システム、つまりコンピュータを使用した組版システムのことを言う。また「CTS」は、鉛を溶かして作った活字を使う「Hot Type System」に対する意味として「Cold Type System」の略とも言われている。

　近年、コンピュータを使用した組版のことを「DTP」と呼称するのが一般的だが、「CTS」という言葉を使う場合、とくに新聞社や印刷会社などで使用する、素材の集配信から組版、出力までを含めた比較的大規模な組版システムのことを

指す場合が多い。しかし最近では、CTSという言葉はあまり使われなくなった。新聞社におけるシステムは多様化しており、単に新聞を製作するだけではなくなってきているからである。

　新聞社におけるシステムには、まず入稿するためのシステムが存在する。以前は集配信システムにて自社記事、通信社、協力新聞社などからの原稿を受信、送信していた。現在は素材サーバー（素材管理サーバー）に変わってきている。掲載される素材（記事、写真、広告）はこの素材サーバーから組版システムへ送られる。

　情報処理技術が発展した結果、入稿から組版、フィルム製版システムならフィルムプロッターまで、さらにCTPシステムの場合はその先の製版まで、シームレスに（一気に、滞りなく）デジタル化された。また、カラーマネージメントや色校正に関しても技術が進んでいる。

◆入稿

　新聞紙面を製作するのに必要な素材として代表的な物に記事、写真、広告が挙げられる。

　多くの新聞社は記者ワープロと呼ばれる専用ソフトをPCに入れ、持ち運びやすいノートPCを多用している。取材現場から携帯電話などの通信装置を使用し、記事やデジカメで撮った写真および写真説明などを新聞社へ送信する。広告に関しては、外部から新聞社に直接持ち込まれたり、通信社などより回線経由で送信されたりする。

　新聞社内では、送られてきた素材を素材サーバーで受信し、

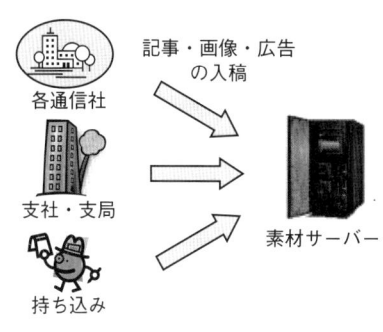

図2-1　新聞データの流れ

ジャンル別に振り分けて担当デスクへ指示を仰ぐ（図2-1）。担当デスクは送られてきた素材を掲載、未掲載に分類して掲載する記事は校正校閲*を行い出稿する。

　出稿された素材は整理記者に渡される。整理記者は記事、写真、広告などをどの面に掲載するか決める。また見出し文なども考える。整理記者によって指示された内容に基づき製作部では紙面に素材を割り付けていく。最近では整理記者、出稿記者自身が紙面作成を行っているケースが多く見受けられる。

◆紙面編集

　紙面編集では、出稿された記事や写真を使用して、紙面のレイアウト作業を行う。多くの新聞社では紙面のレイアウトを組むため専用の新聞組版ソフトを使用している。これは時間的な制限が非常に厳しい新聞製作の中で、毎日次々に発生する重大なニュースに対応して、常に最新の記事を掲載する

ために、大量の記事や写真を素材として使用し、多くのページ（面）を効率良く製作する必要があるからである。短い時間で柔軟なレイアウトの作成や変更を行う機能が必要なため、専用ツールを使用して、簡単に紙面を作成できる環境を必要としている。

　新聞組版ソフトには、主に以下のような機能が搭載されていて、日々の紙面製作が円滑に行える。

1．作成する面で使用する記事や写真を取得する機能
2．素材が揃っていない状態でも割付作業ができるように、あらかじめ領域を確保しておく機能
3．空いた領域を探しながら新聞ルールに則った形に記事を流していく流し機能やたたみ機能[*]
4．写真やカットを配置する配置機能
5．仕切り罫や囲み罫を取得する機能
6．見出しを簡単に作成する機能
7．欄外情報を自動的に挿入する機能

　従来の新聞組版ソフトでは、記事の作成・修正を行うソフトや見出し作成専用ソフトなど、紙面を作る上で部品になるものをあらかじめ作った段階で、最終的に紙面のレイアウトを行うだけといった手順であった。しかし、近年の新聞組版ソフトは、DTP操作が主流となり、すべての作業が紙面を開いた状態で行うことが可能になり、操作の習得が非常に簡単になっている。

　紙面編集は、面担当デスクから出稿された記事や写真デー

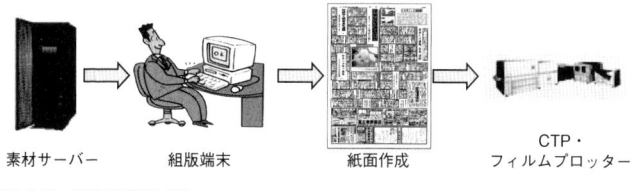

図 2-2　紙面編集の流れ

タが、新聞組版ソフト上で一覧として取得、確認できる。面担当者は、トップ記事や準トップ記事を確認して、見出しの作成や写真の領域を確保、記事を流し、紙面のレイアウトを作成していく。また、ラテ面（ラジオ・テレビ欄）や株式面といった、紙面体裁が固定の面については、自動組による自動作成を行う。

　紙面レイアウトが完成すると、紙による大ゲラ（新聞紙面大の校正刷り）の出力を行う。大ゲラで整理担当者は、記事の誤字・脱字の確認や、見出しやレイアウトの確認を行う。面担当デスクは、見出しや記事の段数がニュースの内容に対して適切か否かなどの確認を行う。

　大ゲラの確認が完了すると、最終的な出力であるCTPやフィルムプロッターへの出力指示を行い、紙面編集が完了する。（図2-2）

◆カラーマネージメントと色校正

　カラーマネージメントシステム（CMS：Color Management System）は、印刷物を作成する工程で、デジタルカメラ、スキャナー、モニター、プリンターなどの異なる機器（デバ

イス）間の色を統一的に管理するシステムである。

　カラーマネージメントの基本は、デバイスの特性に依存しない色再現（デバイス・インディペンデント・カラー）の実現にある。しかし、スキャナー、モニター、プリンターなど、入出力のデバイスにはそれぞれに特有の入出力機構と特性があり、色再現域にも違いがある。そこで、あらかじめどのような印刷物をどのように再現するのか、基準を決めておく必要がある。その色再現をICCプロファイルというデータで用意する。

　このICCプロファイルとは、ICC（International Color Consortium）により策定された、あるデバイスがどのようにカラーを再現するか、そのカラースペースや特性について記述したファイルであり、実体は変換テーブルである。RGBとCMYKの間で色の設定を変換する場合や、モニターやプリンターの色を調整する場合に参照することで、より正確な色の再現性を得ることができる。

　たとえば、Adobe RGBをベースにJapan ColorなどのICCプロファイル変換をすることで印刷結果の色の予測ができるようになり、安定した品質管理を行うベースになる。

　これらの実現のためモニタープロファイルも重要である。モニターの発色は固体差や経年変化がある。ガンマ値を調整しても人間の目は調整したカラーに慣れてしまうため、ガンマ値の色再現カーブだけでは正確なモニター調整はできない。この場合のガンマ値とは、画像入力信号の明るさに対してモニターの画像出力の明るさをどれくらいにするかの指標である。モニターのカラー再現をより正確にするためには、測色

計を利用してモニター上のカラーや濃度を測定して正しいモニタープロファイルを作成することが不可欠である。

　以上のように、さまざまな基準をベースに活用して、色再現を管理しながらイメージを伝達するには、数値管理による標準化された環境が必要である。標準化や色再現を管理するためのカラーマネージメントを行うことにより、最終印刷物製作のための適切なデータを作成する近道になる。カラーマネージメントシステムでは、RGBやCMYKなどの「デバイス・ディペンデント・カラー」（デバイスに依存する色）をCIE L*a*b*(*)などの「デバイス・インディペンデント・カラー」に色空間の変換を行う。

　現在、上流工程から下流工程までの統一した色見本は印刷物（紙ベース）によって管理している。しかし、色見本に使用される紙の色は、実際に印刷される紙の色とは異なる場合が多い。インキについても色見本に使われるのは染料系が多く、最終の印刷物は顔料系がほとんどである。また、最終の印刷物についても、印刷直後の刷り物に対して時間が経過した色見本を使用しているために、読者へ届く時間を考えると色見本と印刷物とは色が異なるケースが出てくる。

　これらの問題点を解決するために、モニターディスプレイによる色見本の表示が開発されている。モニターディスプレイ装置にあらかじめ紙の色、インキの違い、時間経過による色の変化（ドライダウン）などのデータを入れておくことで、これらの問題が解決できると考えられる。

　とくに米国においては、商業印刷分野にてディスプレイによるカラープルーフが多く用いられ、広く普及している。広

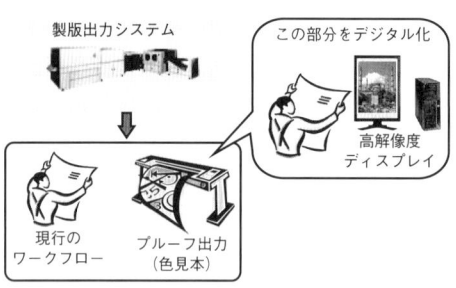

図 2-3　印刷現場での色合わせ作業

告作成会社とクライアントをネット（通信）で結び、即時にできあがり見本の色校正を行える（図 2-3）。また、広告デザインの変更、印刷会社への指示などにも利用されている。そのほかCTPでは、製版前の検版が容易でないが、モニタープルーフの機能からカラーマネージメントの機能を省いた、廉価版のモニタープルーフ装置がCTPにおける検版に用いられ始めている。この例のように、モニターによるEPS*チェッカーの役目や版の検査として、普及し始めている。

　カラーマネージメントは、商業印刷分野での実績が認められ、その応用として新聞業界への普及が近年始まってきている。当初の目的は、紙によるプルーフ（色校正）のランニングコストの削減、つまり印刷用紙とインキの使用量の削減であった。大手の新聞社では、このコストだけで金額にして年間1億円を超えて支出している。また、コストセーブの面だけでなく、現在は環境への配慮の面でも注目されている。

　今後モニタープルーフが新聞業界において展開するための

問題点として、広告代理店、新聞社間のカラーのチェック、印刷見本提出のための印刷もしくは出力機が必要となることなどが挙げられる。また新聞社、広告代理店、広告主にモニターを設置しても、同じ色が再現されているかのチェック機能の必要性、さらに毎日行うモニターのキャリブレーション作業を実施できるか、などの課題も残る。このような運用に関わる問題点・課題点があるものの、新聞社にとっては、デジタル化されたプルーフシステムの今後の展開に期待することの方が大きいのではないかと考える。

◆デジタル化した前工程

新聞製作の中では、今回取り上げた前工程がもっともデジタル化が進んだ部分である。入稿から紙面編集、さらに、カラーマネージメントとプルーフィングまでのすべての工程が、一元的にコンピュータの中で管理可能となり、キーボードおよびモニターを通して作業を行えるようになった。また、見出しの簡単な作成や紙面の割付および写真・カットの配置などについても、自動的にできるようになった。

近い将来、デジタル高速印刷やPOD（Print on demand）の技術と結びつき、さらに進化していく可能性が高い。

第3章
紙面伝送と製版

　この章では、前工程の紙面伝送（分散印刷）および製版について説明する。

◆紙面伝送

　1980年代後半より、新聞の多ページ化やカラーページの増加に対応するため、大手新聞社は郊外に新工場を建設し、分散印刷を盛んに行うようになった。各印刷工場には、紙面受信サーバーが備えられており、本社で作成した紙面データは、RIP*サーバーによってRIP処理が行われ、Tiff*形式のデータで紙面送信サーバーへ送られ、各印刷工場へ送出される。各印刷工場で受信した紙面データは、フィルム製版システムまたは、CTPシステムへ送信され、最終的に刷版の形になる。（図3-1）

　かつて遠方への紙面伝送は、アナログ回線でページファクシミリを使用して行っていたが、その後ISDN*が普及し、デジタル専用回線に変わった。現在では、汎用ネットワークである、広域イーサネットを使いFTP*を用いてTiff形式のデータに圧縮をかけて、紙面データの伝送を行っている。同一建物内での紙面伝送は、通常のLAN*を使用している。

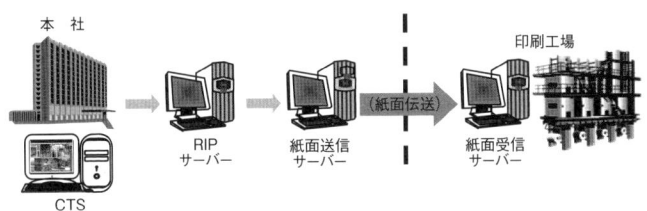

図 3-1 　紙面伝送の流れ

◆製版（CTF と CTP）

　CTS（電算写植システム）から刷版を作成する方式は、大きく2種類に分かれ、1970年代後半から使われている刷版を作成する過程にフィルム（アナログ工程）が介在するCTF*と、2000年代になって普及が進んだ、すべての工程をデジタルで処理できるCTPシステムがある。以下、製版についてフィルム製版システム、CTPシステムと、順を追って説明していく。

フィルム製版システム
　おもにフィルムプロッターと全自動製版機から構成される従来型のシステムで、フィルムプロッターは、データ受信部、コントローラー部、描画部から構成され、紙面データを紙面のイメージに展開し、イメージをネガフィルムに記録する。
　記録方法は、銀塩マットフィルムを使ったウェット方式とドライフィルムを使ったドライ方式に分かれる。当初、現像・定着処理の必要な銀塩マットフィルムを使ったウェット方式で発展したが、環境面からの問題が取り上げられた結果、

1990年代中頃に現像・定着処理の工程を削減したドライフィルムを用いてレーザで描画するドライ方式が完成した。この方式が現在、フィルム製版システムの主流として、広く普及している。

　全自動製版機は、給版部・露光部・乾燥部・ベンダー（曲げ部）・ストッカーから構成される。製版工程は、給版部に収められている版（未露光フィルム）を露光部へ搬送、フィルムプロッターから出力されたフィルムと刷版を密着させて露光し、処理乾燥部で現像・ガム処理後に乾燥、さらにベンダー部で刷版を折り曲げ、ストッカーに蓄積するまでとなる。

　CTP化が進む中で、本システムは現在、日本では約20%の新聞社で使われており、米国でも30%を切っている状況にある。

CTPシステム

　日本でのCTPシステムの導入は、商業印刷業界が新聞業界より先行した。新聞業界では、環境への影響を配慮した結果、ドライ方式のフィルム製版システムへ発展したが、商業印刷業界は、ウェット方式のフィルム製版システムから、CTPシステムへ直接進み、商業用枚葉印刷から普及していった。新聞業界では2002年頃から、CTPシステムが導入され始めた。

　当初は、銀塩方式やフォトポリマー方式を用いた形で始まったが、その後、サーマル方式が急速に普及していった。現在は、日本と米国ではサーマル方式、欧州ではフォトポリマー方式が主流となっている。

銀塩方式からフォトポリマー方式、サーマル方式と、変化したデジタル製版の手法は、プレートの感度とも関係がある。初期のCTPでは、生産性を求めるために感度の高いプレートを必要とした。反面、感度の高さは明室でのハンドリング（扱い）をしにくくした。

　当然、中間的なフォトポリマー方式の時代もあったが、この問題への対策を求めて現在のサーマル方式（可視領域外で超高出力）へと移行した。この明室での取り扱いが可能である点は、サーマル方式の長所として挙げられる。

　一般的に処理速度ではフォトポリマー方式が優位だが、画質面ではサーマル方式に対し若干劣っている。サーマル方式は、画質の良さ（画像のエッジのシャープさ）に特徴がある。これは、高出力による露光部（画線部）と未露光部（非画線部）の差の大きさにより、極めて硬調な画線部の再現を可能にしているからである。日本でサーマル方式が主流になった理由の1つには、日本の新聞社が高品質な画像を求めたこともある。

　新聞社におけるCTPシステムの導入条件は、システムの規模がどうであれ、前工程においてデジタルワークフローが確立していることである。紙面のフルデジタル化とデジタル校正があって、初めて効率化が図れるが、そこへ至るまでにある程度の時間を必要とした。

　CTPシステムは、CTPサーバー・CTPエンジン・現像部・乾燥部・ベンダー・ストッカーから構成される（図3-2）。CTPサーバーおよびCTPエンジンを除いた現像・乾燥部以降の構成は、基本的にフィルム製版システムの全自動製版機

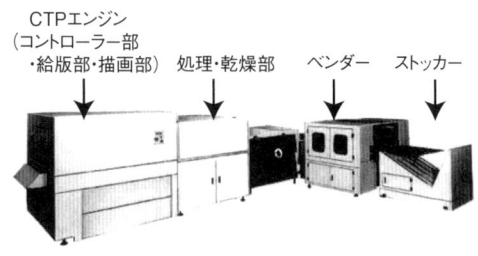

図 3-2　CTP システム

と同じである。

　デジタルサーマルプレートに現像処理工程が必要なのは、画線部と非画線部の露光ではネガ・ポジが反転するが、どちらかの膜剤を精確に剥離する必要があるからである。膜剤の剥離を現像処理なしに行うには、現像処理を必要としないレーザによるアブレーション（膜剤除去）だけでは不足があることや、アブレーションによる蒸散塵（デブリス）の発生、レーザによる反応加工後に起きる未露光部分の剥離などの問題があり、現像処理が必要となった。

　CTP サーバーは、CTS から紙面データ・ID データの受信だけでなく、紙面情報および蓄積紙面管理、製版管理、CTP 出力管理、状態・トラッキング制御まで担っている。CTP エンジンは、コントローラー部、給版部、描画部から構成される。

　CTP システムでの製版工程は、CTP サーバーから受信した紙面データと製版情報に従い、CTP エンジンのコントローラー部で受信紙面データの画像展開を行い、給版部から刷版を描画部へ搬送し、描画部で刷版に描画を行う。その後、

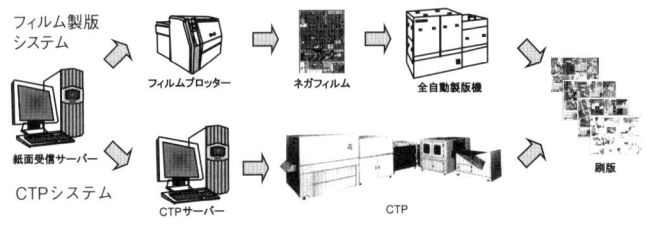

図 3-3　CTF と CTP の比較

処理・乾燥部へ版を送り、現像・ガム処理後に乾燥、さらにベンダー部で刷版上のトンボ*を読み取り、レジスターピン位置のパンチと刷版の折り曲げを行い、ストッカーに蓄積するまでとなる。

◆フィルム製版システムとの比較

　図 3-3 にフィルム製版システムと CTP システムの工程を示した。フィルム製版システムでは、「紙面データ受信→フィルム描画→フィルム現像→版に露光→版現像・ガム引き・折り曲げ」という工程が、CTP システムでは、「紙面データ受信→版に画像描画→版現像・ガム引き・折り曲げ」となり、製作工程および時間の短縮とともに資材の削減も行える。

　フィルム製版システムから CTP システム化を行った場合、資材の削減によるコストメリット、機器の削減による省スペース化、省エネルギー化および省力化・省人化、工程のデジタルワークフロー化による画質の安定・向上など多くのメリットがある。また資材の削減が可能であることから、環境への負荷低減にも大変有効となる。(表 3-1)

表3-1 フィルム製版システムとCTPシステムの比較。CO_2排出量、ランニングコスト、省スペース性は、ウェットフィルムを100%とした場合の削減率で表示。CTPシステムは、サーマル版：高速、フォトポリマー版：中速

	フィルム製版システム		CTPシステム
	ウェットフィルム	ドライフィルム	
CO_2排出量	100%	70%	35%
ランニングコスト	100%	ー	40%
省スペース性	100%	80%	51%
処理速度	360版/時		180〜200版/時
耐刷力	20〜30万部		15〜17万部

　一般的に耐刷力はPS版*の方が勝っているものの、最近では運用上問題とならないレベルにまで達している。また、フィルム上での検版から刷版上での検版というように、工程の変更が必要となる。

◆製版工程での今後の展開

　現像・ガム処理が必要ない、現像レスタイプと呼ばれるCTPシステムが、すでに一部の商業印刷では使用され始めており、新聞印刷への今後の展開が期待される。このシステムは、刷版へ描画後、現像・ガム処理の必要がなく、そのまま刷版を輪転機に装着可能となるものであり、印刷時のインキと水で現像処理を行うため、工程削減や資材の削減ができ、環境面へのメリットも大きいとされている。

　ただし、印刷前の検版ができないことや新聞印刷特有の印刷条件下での耐刷性能・印刷適性など課題が多く残されており、実用化にはまだ時間がかかると予想される。

第4章
給紙・印刷・折り・排紙

　実際に読者が手にする、紙媒体の新聞に加工する部分「新聞オフセット輪転機」について取り上げる。新聞製作の工程としては、中間の印刷工程となる。ここでは、巻取紙の準備から給紙部・印刷部・レール部・折り部・排紙までについて解説する。

◆新聞オフセット輪転機の構成

　日々、最新のニュースを配信することが新聞の使命であり、新聞製作では、大量の製品を短時間に生産することが要求される。現在の新聞輪転機の印刷速度は、1時間に7.5万部から、最速の機種になると10万部までの印刷が可能なものもある。これを1秒間の生産数にすると約27部で、もっとも大量に複製品を生産する機械となる。また生産速度を上げるため、複数の印刷機を連結して、各ページを同時に印刷し、順番に重ねて折り畳み、新聞という製品の最終形に加工するまでを1つのシステムで一度に行っている。その役割から新聞輪転機は、印刷部に紙を供給する給紙部、画像を印刷する印刷部、ページ順に並べ替え、重ねて折り部に誘導するレールフレーム部、そして紙を裁断し、折り畳んでコンベアから排出する折り部と4つの装置を組み合わせて構成されている。

図4-1にある最大48ページ、その内24ページをカラーで印刷する輪転機の場合、6台の給紙部、6台の印刷部、2組のレールフレーム部と、折り部1台で構成されていて、長さ27m、高さ13.7m、奥行き5m、総重量にして600tを超える巨大なシステムになる。この輪転機を据え付ける基礎には機械と同等以上の重量を有する鉄筋コンクリートの塊を床との間に防振材を挟んで埋め込んであり、通常、建物との関係で給紙部が1階、印刷部の作業レベルが2階となる。

　2階のフロアーに立つと輪転機が床の上に設置されているように見えるが、実際には床に設けられた大きな開口部を貫通していて、機械と建物は直接連結していない。このように高速で運転する巨大な機械の振動が建物に伝播することを抑制するためである。

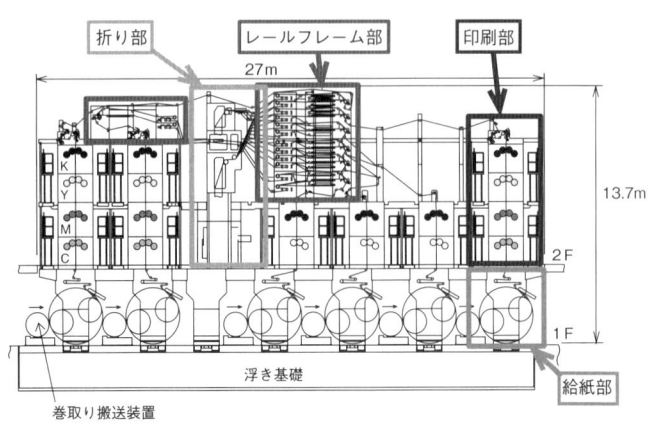

図4-1　新聞用オフセット輪転機の全体図

また輪転機を運転するためには、新聞用紙となる巻取紙、刷版、インキ、コンプレッサーエアー、冷却水、電力などの保管および供給するための大掛かりな設備が必要となり、印刷工場の建物も、基礎にいたるまで輪転機に合わせた構造、設備が求められ、工場建設の建築設計の時点でこれらを加味した建物を作らなければならない。

◆新聞の規格と輪転機の概略

　新聞の規格、つまり大きさは日本国内では同一となっていて、一般のブロード紙と呼ばれる新聞紙は、2ページ分（見開き）の幅813mm（32インチ*）。上下方向は546mm（21.5インチ）になる。これを印刷する新聞輪転機は、4×2というタイプの印刷機が一般的で、印刷する幅が新聞の4ページ分、版胴の円周長が2ページ分の長さの機械になる。図4-2に給紙部から折り部までの走行紙（輪転機内を走る裁断される前の紙）の動きを簡略して表した。一度に両面で8ページを印刷した後、レールフレーム部で2つに裁断し、片方をもう片方に寄せて折り部に挿入している。

　新聞は2ページ幅の紙を折り畳んでいることから、2ページ幅の機械でも作成可能だが、32～48ページもの新聞を印刷するには、8～12台の印刷機を連結することになる。スペースや輪転機費用の拡大と走行紙経路が長くなるため、安定した機械の運転や損紙の軽減には不利な条件になる。版胴径については胴の長さが4ページ幅で1ページ長の小さい径になると、強度的な面で見当装置など複雑な機構が取れないことが理由にある。

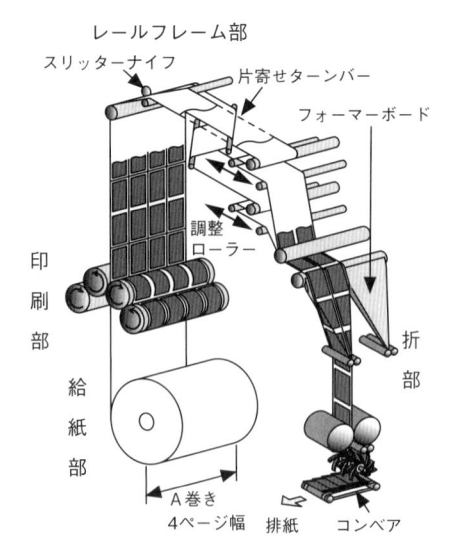

図4-2　輪転機内の紙の流れ

　また2ページの長さの版に上下同じ紙面を入れることは一見無駄にも思えるが、印刷部数が多い場合に、刷版あたりの制作部数を増やすと効率的である。1ページ長の版で印刷すると刷版の耐刷力（刷版寿命、何部まで印刷可能か）の面から途中で版換えが必要となった場合、時間も損紙も無駄が出る。ただ近年、印刷会社などでは小部数の新聞を多品種印刷する場合に刷版コストの削減から、4×1タイプの要求が高まり、各メーカーで新機種が登場して注目を集めている。

　巻取紙は4ページ幅1626mmが基本となり、これを「A巻き」と呼ぶ。これに新聞のページ数によっては3ページ

幅1219mmのC巻き、2ページ幅813mmのD巻きを組み合わせて対応する。ほかにも印刷会社によってはペラ印刷に1ページ幅406mmのF巻きを使用する場合や、最近ではA巻きの8分の7（7/8）幅の巻取紙を使う新聞印刷社もある。7/8の場合、1ヵ所のページ幅が半分になってしまうが、これによって奇抜な広告を考えているわけだ。新聞にとって広告収入が重要である上、インターネット広告のようなライバルの出現で、より品質の高い印刷と奇抜な紙面構成で新聞広告に新たな付加価値を求める傾向がある。

◆給紙部

印刷部に走行紙を供給する装置である。印刷部数の多い新聞の場合、1本の巻取紙では部数をまかないきれないため、印刷中に巻取紙を順次供給し、ペースター（自動紙継ぎ）装置によって印刷している走行紙を新しい巻取紙と入れ替えている（図4-3）。巻取紙は2組または、3組の旋回するアームに装着され、印刷中設定した径まで小さくなると図表4-3の2のようにアームを旋回して新巻取紙を走行紙に近づけた後、走行紙と同速度で回転させる。

あらかじめペースター用の仕立てを行った新巻取紙の粘着部をセンサーで見ながらブラシで走行紙に圧着、その直後に旧走行紙をカットして紙継ぎが完了する。その後アームが旋回して残った残芯は巻取紙装着位置に移り、新しい巻取紙と入れ替えられる。これらの動作は巻取紙搬送装置（AGV*）との組み合わせで自動化され、自動仕立て装置と合わせて現在は給紙フロアーでの作業の無人化が進んでいる。

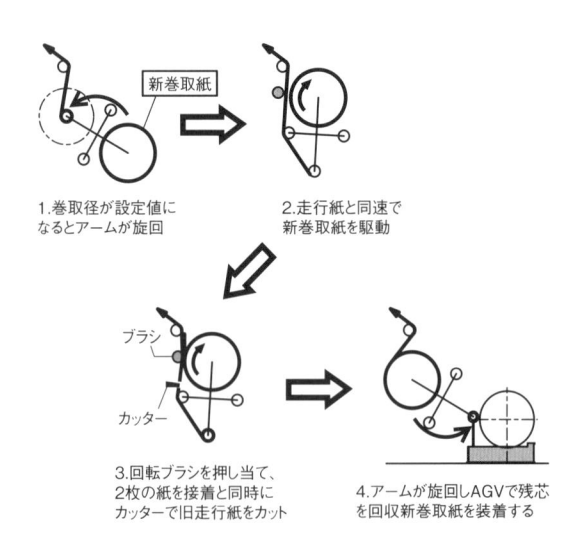

図 4-3 ペースターサイクル

1. 巻取径が設定値になるとアームが旋回
2. 走行紙と同速で新巻取紙を駆動
3. 回転ブラシを押し当て、2枚の紙を接着と同時にカッターで旧走行紙をカット
4. アームが旋回しAGVで残芯を回収新巻取紙を装着する

　ペースターの仕立てには、これまで紙端をV字にカットして、先端1ヵ所だけをタブで止めたV字仕立てが一般であったが、現在では専用のテープを使用した一文字仕立てもある（図4-4）。印刷速度の高速化からV字仕立てでは回転させたとき、両端部が風圧でめくれ上がってしまうからだ。

印刷に必要な紙の張り

　給紙部にはもう1つ走行紙に印刷を行うのに必要なテンション（紙の張り）を発生させ、制御する役割がある。ここで印刷に必要なテンション値はカラー機では600N（ニュートン）前後にもなる。しかしこの設定だと値が高く紙継ぎが

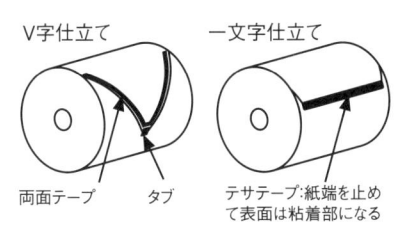

図 4-4　紙端の仕立て

できないため、ペースター部と印刷部の前で2つのテンション値を設定している。テンションは巻取紙と連結したエアブレーキで発生させて、ペースター装置から続くインフィードローラーという駆動ローラーとダンサーローラーでさらにテンションを増加している。それぞれのテンション値の変動をフィードバックしながらブレーキ圧、インフィードローラーの回転を制御して一定のテンションを保っている。

◆印刷部

　新聞輪転機は給紙部の上に印刷部が設置されるため、走行紙が下から上へまっすぐ走り、ブランケット*胴で挟んで両面同時に印刷するBB（Blanket to Blanket）タイプが基本になり、カラー機もBBを4段縦に積んだタワー型が主流になっている。この印刷機は各胴の間で走行紙が空間を走ることから1626mmの広い紙幅ではテンションが不安定な上、見当が印刷中に変化する問題がある。また新聞用紙はブランケットを通過するさいに、水を吸収して画像とともに伸び広がるファンアウト*現象を起こす。

給紙・印刷・折り・排紙　　39

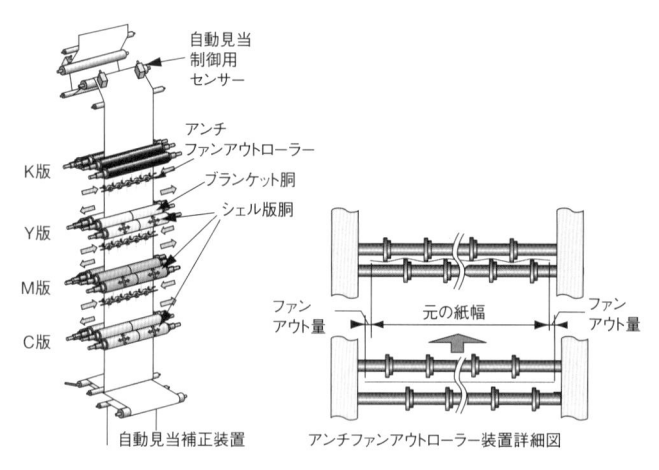

図 4-5　自動見当補正装置

　このためタワー機では、紙面上に印刷した専用のマークをセンサーで読み取り、常時見当調整を行っている。このとき一本胴を使用して墨胴を基準胴とし、4ページ幅全体で一体の見当用位相調整は行わないほかの藍、紅、黄の版胴では、2ページ幅ずつ個々に天地、左右の見当調整が可能な二重構造のシェル版胴*として、3色を基準胴に追従させる。(図4-5)

　基準胴を一本胴とする理由は、シェル版胴は微細な見当ズレにも対応できる機構だが、複雑な構造は機械的な欠陥が多くなる上、見当装置で版胴の位相を動かすこと自体がダブリを誘発する要因となることから、影響の大きい墨胴は一本胴を採用している。前述した4×1機は強度面でシェル版胴を採用できないことが弱点になっている。

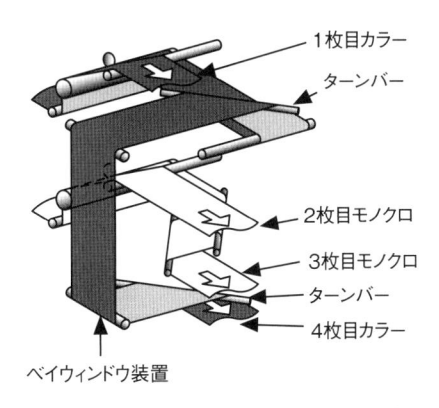

図4-6　ベイウィンドウ装置による順番の入れ替え

またファンアウト対策として、紙の両側から2組のコロを挟みこんで両端の幅を縮め、その状態のまま強引に次の胴に入れることで、問題を解消している。

◆レールフレーム部

新聞輪転機でもっとも特徴的な部分が複雑なレールフレーム部と言える。ここは紙を引っ張り誘導するドラックローラーとガイドローラー、4ページ幅の紙を2つに裁断するスリッターナイフ、紙を片側に寄せる片寄せターンバー*、重ねた紙の頭位置を合わせる調整ローラーなどで構成される。

カラー面の配置を添加面と呼ぶが、片寄せだけでは機械の配列によって1パターンに決まってしまう。そこで図4-6のようにカラー紙をターンバーで横に振り、ほかのモノクロ紙を飛び越えるベイウィンドウ装置で順番を入れ替える。各

新聞社がページ数とカラー面を増加させてきた中、添加面のパターンが増加し、紙経路は複雑化して経路の長さが40mを超えるものもある。このため印刷前に紙を通す作業には、これら多数のパターンに対応した全自動紙通し装置が不可欠になっている。

◆折り部

　折り部には、フォーマーボード（以下フォーマーと呼ぶ）と呼ばれる三角形の板で縦に折り、その下に裁断と横折りをする折り機本体がある。通常は2枚のフォーマーと2台の折り機を組み合わせて1つの折り部（折り機）としている。

　これは一般的に朝刊の印刷が、片寄せして1つに重ねた走行紙を1枚のフォーマーと1台の折り機で折り畳んで排出する片出し印刷で行うのに対し、4ページ幅のままフォーマーまで紙を通したあと裁断し、左右別々に2枚のフォーマーと2台の折り機で折り畳み排出する両出し印刷を行うためである。印刷可能なページ数は半分になるが、生産量は倍になるため、夕刊にこの方法が採られる。

　また最近ではセクション折りと呼ばれる印刷の要望が増えている。新聞には本紙とは別に、日曜版、広告版といった複数の別冊子がある。本紙とは別に印刷をして販売所などで本紙に入れ込む方法もあるが、これを輪転機で一度に印刷、差し込みまでを行いコストを下げる考え方で、両出し同様複数のフォーマーで縦折りした冊子を重ねて1台の折り機に入れる方法が採られる。フォーマー2枚なら本紙＋別刷り1冊子だが、別刷りを2つまたは3つ入れる場合はフォーマ

ーの上にさらにもう1段フォーマー装置を装備する。このセクション折りは、別冊子のページ数や添加面によってレールフレーム側の紙通しを機械の設計段階で検討しておかなければならない。(図4-7)

　裁断と横折りを行う折り機本体にはその折り畳む方式によってロータリーフォルダーとジョーフォルダーの2種類がある。ロータリーフォルダーは折り胴と鋸(のこぎり)胴の2つのシリンダーで構成されていて、走行紙は2つの胴の間に誘導される(図4-8左)。鋸胴では鋸のような刃で走行紙を断裁すると同時に針で紙を引っ掛け、折り胴に巻きつける。

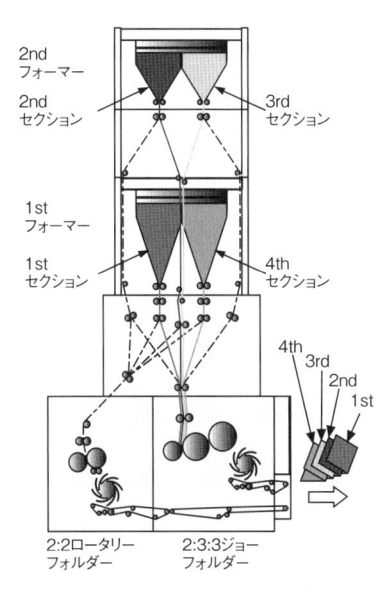

図4-7　4セクション紙通し。折り機正面図

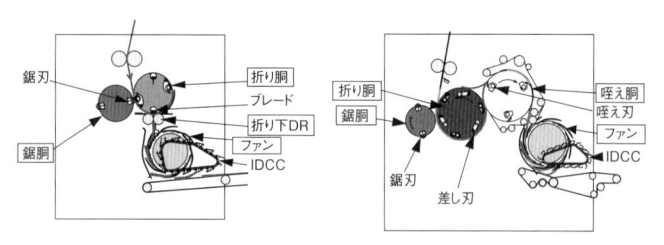

図4-8 折りの機構。2：2ロータリーフォルダー（左）と2：3：3ジョーフォルダー（右）

ブレードという板で2つのローラーの間に新聞を差し込むと、ローラーが新聞を2つに折り畳んでその下のファンに落とし込み、そこからIDCC*装置でコンベア上に並べて排出する。

　これに対しジョーフォルダーは鋸胴、折り胴ともう1つ咥（くわ）え胴という3つのシリンダーで構成される（図4-8右）。鋸胴で裁断、針で折り胴に巻きつけるまでは同じだが、折り胴表面の新聞は折り胴と咥え胴の接点で、折り胴から差し刃が突き出て、咥え胴の咥え刃が紙の中央部をつかむ（くわえる）ことで折り目をつけてそのままファン*に持っていく。この方式は新聞の折り丁が正確で低速時や減速時に発生する折れ線のズレが少なく、きれいな折り体裁が可能になるため、東京機械製作所では高速タイプの折り機に採用している。

◆自動化とプリセット

　輪転機を動かすには、その日の刷り物によって各部分を調

整する必要がある。ページ建て、面付け、画像に対してのインキ、湿し水の供給量、紙通しのパターン、ページ数に対する折り部の調整など現在では上流からのデータを、自動でプリセットするシステムが導入されている。また印刷中の紙面検査の装置も一般化しているが、現在では印刷物の濃度管理さえ自動化が進んでいる。こうした自動化は、作業効率の向上がそのまま損紙やコストの低減につながる重要事項となっている。その自動化に欠かせないのが周辺機器である。

Column：2　刷版の今と昔

　刷版は、凸版印刷の時代の初期には鉛合金を使った鉛版（えんばん）でした。オフセット印刷の現在ではアルミ合金の板の表面に感光性物質を塗布したPS（Pre-Sensitized）版を使用しています。

　鉛版は、PS版に比べて、製版や取り扱いが大変でした。

　鉛版は、まず組版した印面から紙製の鋳型である紙型を作り、紙型を鉛版鋳造機にセットし、溶解した鉛合金を流し込み、製版します。それに比べて、PS版の一種であるCTP版はコンピュータから刷版へ直接描画し、処理するだけで製版ができます。

　かつてアメリカで、毎日この重たい刷版（18kg/ページ）を両手に4ページ分持ち、製版室から輪転機まで行って、版胴に装着していたという自慢話を聞いたことがあります。現在では、刷版は軽いPS版（180g/ページ）なので、運搬も着脱も楽になり、労働環境は飛躍的に向上したようです。

第5章
新聞オフセット輪転機の周辺機器

◆自動化が進んだ周辺機器

　新聞製作の印刷工程の中で、新聞を直接印刷するオフセット輪転機に対し、周辺機器は印刷に直接的または間接的に関わり、印刷前の印刷準備中に稼動するもの、印刷中に稼動するもの、印刷終了後に稼動するものに大きく分けられる。周辺機器のほとんどが自動化機器で、かつては人間が行っていたさまざまな操作や作業を自動的に行い、日々の印刷準備・印刷・保守の作業を軽減し、作業のスキルレス化と信頼性・安全性の向上、印刷紙面品質の安定および向上を図るべく発展してきた。

　省力化、省人化、損紙低減そして費用削減を進める中で、周辺機器は重要な役割を担う。

◆プレスコントロールシステム

　プレスコントロールシステムは、輪転機と上流システムとの間に位置し、上流システムから印刷工程に必要な情報を受け取り、輪転機各部および周辺機器をその印刷に最適な状態に設定するプリセット機能で、印刷前準備の自動化、省力化とスキルレス化を目指すものである。システムは、サーバーを中心としたパソコン類で構成され、輪転機、上流システム、

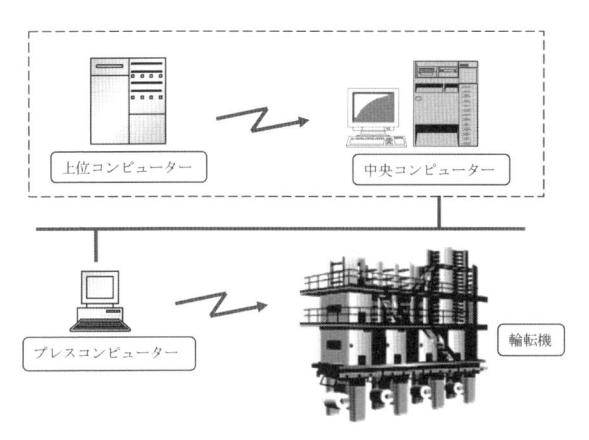

図 5-1 プレスコントロールシステム

周辺機器類とを結ぶための数種のネットワークを有する(図 5-1)。プレスコントロールシステムのおもな機能は次のとおりである。

1. 印刷前準備
   ◇輪転機各部のプリセット
   ◇輪転機周辺装置のプリセット
2. 印刷中
   ◇輪転機各部の現在値モニタリング
   ◇輪転機各部の運転状況のモニタリング
3. 刷了後
   ◇印刷帳票作成
4. 工程管理
   ◇印刷スケジュール管理

5. データ管理
   ◇各プリセットデータ管理
   ◇その他データ管理
6. 上位システムとのインターフェース機能

　ここに挙げた機能は、プレスコントロールシステムの一例であり、各新聞社ではさまざまな独自の機能を持ったものを設置している。このシステムは、輪転機以外に上流システムや周辺機器類とも情報のやり取りをしているため、さまざまな情報を送受信することができる。この優位性を活かし、プレスコントロールシステムは、新聞印刷の自動化や省人、省力化を支えている。

◆自動紙継ぎ支度装置

　紙継ぎ支度装置は、輪転機で行うペースター（紙継ぎ）の前準備として、巻取紙に両面テープやタブ*（39ページ図4-4）を貼り付ける（支度）装置である。

　従来、紙継ぎ支度は輪転機装着後に手作業で行い、1日に100〜200本の巻取紙を数人の作業員で処理していた。しかし手作業の紙継ぎ支度（手支度）は熟練を要し、支度形状に個人差が生じることから、支度の自動化が課題であった。

　紙継ぎ支度装置（写真5-1左）は通常、紙庫から輪転機給紙部への搬送経路の途中に設置し、巻取紙搬送台車により運ばれてきた巻取紙を一定の支度形状に切断しながら両面テープ、タブ、または専用テープを全自動で貼り付ける（図5-2）。支度完了後は搬送台車に巻取紙を受け渡して輪転機へ

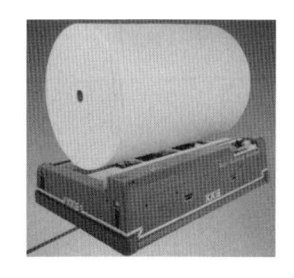

写真 5-1　自動紙継ぎ支度装置（左）と AGV（右）

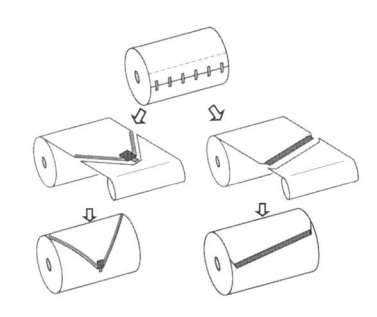

図 5-2　巻取紙の紙継ぎ支度。V 字仕立て（左）と一文字仕立て（右）

供する。

　このように人が介在することなく一定の形状で支度を行うため、安全性・信頼性・省力化、さらには無人化という重要な役割を担っている。

◆自動巻取紙搬送装置

　巻取紙搬送設備（給紙設備）は、巻取紙を台車に載せて人が押しながらレール上を走行させる手押しトロッコやスケータ*から、給電トローリー*による集電方式の電動トロッコ

へと代わり、急速に自動化が進んだ。現在ではさらに効率的で作業環境の良い AGV（無人搬送車）が主流となっている。

AGV はあらかじめ決められたルートを床に埋設された磁気棒または誘導線を検出しながらバッテリーで走行する（写真 5-1 右）。スピンターン、斜行、高速走行が可能で、トラバーサ（横滑り）機能を持ち、巻取紙の装着や残芯回収を自動で行う。

AGV システム（地上制御）は輪転機からの巻取紙要求（ペースター信号）、あるいは呼び込み操作盤での手動要求に対し、紙庫設備、自動紙継ぎ支度装置などの周辺機器と信号の取り合いを行いながら、AGV の行き先指示と交通整理を行う。また、巻取紙管理機能、紙庫管理機能、マスター管理機能、AGV 管理機能と連携し、印刷現場の運用を迅速かつ正確に

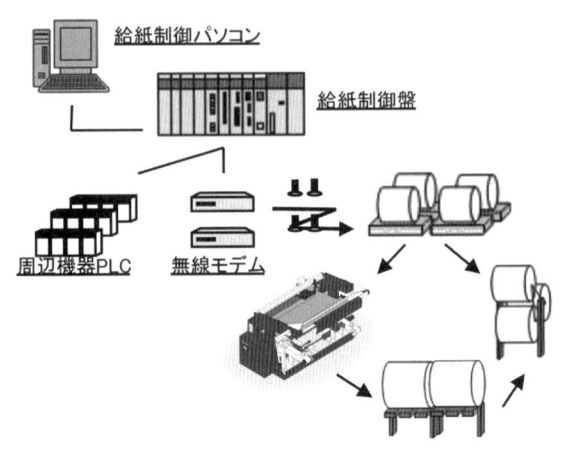

図 5-3　新聞印刷における巻取紙の管理

管理し、高効率の自動化システムを構築している。(図 5-3)

◆全自動紙通し装置

　朝刊（40 〜 48 ページ建て）の印刷には、A 巻き幅の巻取紙を 5 〜 6 本使用し、それぞれ給紙部から印刷、レールフレーム部を通って、折り部まで紙を通す。カラー面の入れ替えは、レールフレーム部のベイウィンドウ（41 ページ図 4-6）装置を使って走行紙の経路を入れ替えており、紙面構成により多数の紙通し経路が存在する。

　全自動紙通し装置は巻取紙を給紙から折り部まで自動的に導く装置で、多種多様な紙通しパターンをあらかじめ設定された任意のコースから選択することで紙通しを自動で行う装置である。(図 5-4)

　仕立てられた巻取紙を給紙部でアタッチメント（写真 5-2）に接着し、その後、アタッチメントを輪転機内のレー

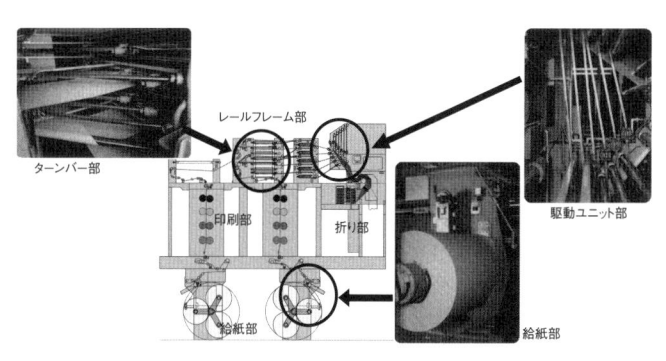

図 5-4　全自動紙通し装置

写真 5-2 下端の部分がアタッチメントを引くベルト部（走行体）で、上側の三角の部分が巻取紙の先端を接着するアタッチメント。ベルト部は実際にはレールに挟まれて隠れており、機械に装着されていると見えない

ルに沿って給紙部、印刷部、レールフレーム部、折り部のスリッター部まで指定された経路で送り出して自動で紙通しを行う。

また、ターンバー部（41ページ図4-6）においてターンバー紙側は、スリッター部でスリットされた紙を全自動紙通し装置の自動貼り付け装置によりターンバー紙用アタッチメントに貼り付け、本紙と同様に紙通しを自動的に行う。

このように多種多様なパターンに対応した全自動紙通し装置は今や不可欠になっている。

◆自動見当制御装置

新聞印刷では、シアン・マゼンタ・イエロー・ブラック（藍・紅・黄・墨、C・M・Y・K）の4色印刷によってカラー印刷を実現している。自動見当制御装置（カラーコントロール装置：カラコン）は、このカラー印刷紙面の4色の見当を自動的に合わせる装置であり、カラー印刷機の主流となっているタワー型印刷機でとくに効果を発揮する。

タワー型印刷機は、4色の各胴間で紙が空間を走行するため、増減速、ペースター時はもちろん一定速で印刷している

ときでもテンション変動が発生し、このテンション変動が4色間で見当ズレを引き起こす。また、版のでき自体によっても見当ズレは発生する。

　見当の自動制御を行うためにカラー印刷紙面には、専用のマークが印刷される。CMYK4色の版には定められた位置にレジスタマークが配置される。4色印刷されたカラー紙面には、CMYK4色のレジスタマーク（見当マーク、トンボ）が等間隔で印刷される。

　自動見当制御装置はタワー型印刷機出口に、このレジスタマークを読み取るためのセンサー（カメラ）を配置して、センサーが読み取った4色のレジスタマークから、お互いの相対位置が検出される。4色間の見当ズレがない場合、それぞれのレジスタマークは、正しい相対位置に印刷されている。見当ズレがある紙面では、見当ズレを起こしている色のレジスタマークが正しい相対位置から見当ズレ方向に見当ズレ量だけズレて印刷される。自動見当制御装置はこのズレを検出し、タワー型印刷機の版胴微動を制御してズレを修正する。

　天地、左右の見当調整が可能な二重構造をもつシェル版胴を使用したタワー型印刷機では、表裏4ヵ所のレジスタマークを検出し、CMY両面で6ヵ所（新聞輪転機の場合、K胴は版胴微動機構を持たないことが多い）の版胴微動を同時に制御する。

◆カットオフコントローラー

　カットオフコントローラーは、折り機の直前にセンサーを配置し、新聞の印刷面から同期マークを読み取り、アジャス

トローラーを制御してすべてのウエブ（巻取紙）の断ち切り位置を一致させる（同期をとる）装置である。

同期マークは、紙面上に印刷する方法と、カラコンのマークや罫線など、紙面の中から同期マークに変わる絵柄を利用するものとがある。新聞印刷（多ページ）では折り機ですべての巻取紙を重ねて断ち切るため、折り機に入る直前に、すべてのウエブの同期をとる必要がある。従来は、印刷開始後、色合わせおよび断ち切り合わせを印刷オペレータが行っており、損紙増加の一因となっていた。また新聞印刷のように多ページの断ち切りを合わせるには時間がかかり、良紙となるまでに不良紙が多数発生していた。

最近、環境面などから損紙削減が声高に叫ばれている中で、カットオフコントローラーが注目され始めており、自動化、損紙削減、省人化への寄与が大いに期待される機器となっている。

◆紙面検査装置

印刷中に発生した不良紙を自動的に検知し、輪転機の出口で接続しているキャリアの排出装置に不良紙排出信号を送る装置である。紙面検査装置用センサーは、印刷直後の走行紙の両面に設置され、リアルタイムに印刷画像を読み取る。印刷開始後、印刷オペレータが良紙と判断した時点から紙面データをティーチング（紙面イメージ画像データの取り込み）し、そのデータの数十ページ分の平均を比較元データとする。その比較元データとリアルタイムで読み取った紙面データとを逐次比較し不良紙を排出する。

監視する項目は次のとおり。

◇インキ・水だれなどの飛び汚れ
◇印刷紙面の汚れである地汚れ
◇印刷紙面のインキ濃度の変化

　これらの項目は、重要損紙要因である。装置にはこの排紙要因別データで統計をとる機能を備え、印刷機械のメンテナンス情報の１つとして役立てている。
　また、最近の紙面検査装置の警報表示は、紙面イメージ画像の取り込みにより、オペレータコンソール画面で警報・排出原因箇所が紙面イメージの状態で表示されるため、インキの飛び、地汚れ、インキ濃度変化など、紙面の異常をより的確に確認できるようになった。

◆カラー品質制御システム

　最近開発された新技術に、カラー品質制御システムがある。紙面検査装置のセンサーを使い、印刷中の新聞紙面の絵柄情報を取り込み、CTPシステムからのTiff形式の画像データを元に色濃度の変化を監視し、濃度が変化したらインキの吐出量を変える仕組みである。CTPシステムからデータを受信する画像サーバー、印刷中の絵柄情報を取り込む紙面検査装置、インキ吐出装置とつながるインターフェース盤などの機器から構成される（図5-5）。このシステムを導入することにより、印刷現場の省人・省力化、損紙の削減、不良紙の自動排出、輪転機ごとの印刷品質の均一化、色合わせの個人

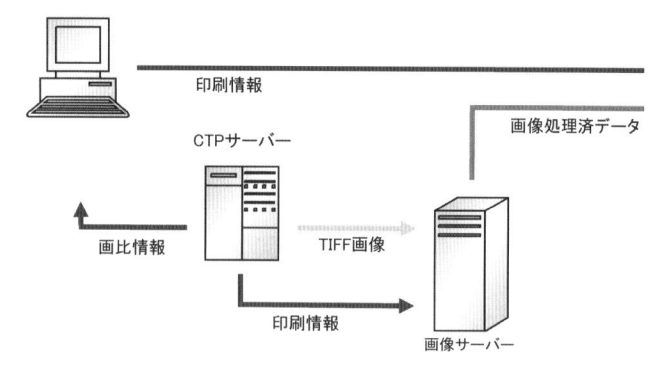

図 5-5　カラー品質制御システム

差の解消、全ページの同時自動色調整などができるようになる。また、紙面データと印刷紙面を比較できるので、版掛け間違いの確認も可能となっている。

◆ブランケット洗浄装置

　オフセット印刷に使用するインキは、長時間の印刷によってブランケット表面に紙粉とともに堆積し、印刷の版の劣化やインキの転位不良などが生じ印刷品質を損ねる。ブランケット洗浄装置は、こうしたブランケット表面に堆積した汚れ、紙粉などを取り除く装置である。ノズルから溶剤をブランケットに噴射し、その後、ブラシや洗浄布などをブランケット表面に押し付けて、表面に付着した汚れ、紙粉などを取り除く。

　ブランケットの手拭きによる洗浄作業は、多くの時間を要する作業の1つであり、オフセット輪転機の稼働率に大きな影響を与える。ブランケット洗浄装置を導入することで作

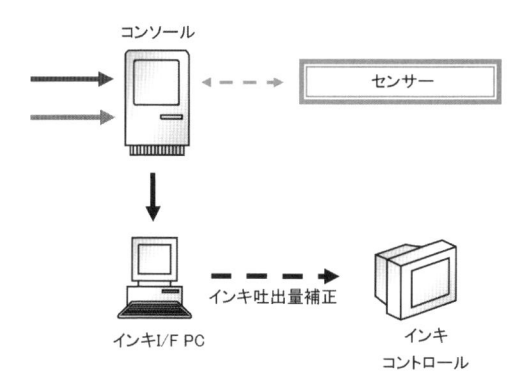

業の自動化と大幅な作業時間の短縮ができるようになる。

◆インキローラー自動洗浄装置

　朝・夕刊の印刷後は、長時間の印刷によってインキシリンダー、インキゴムローラーの表面に、インキや紙粉などが堆積し、放置しておくと紙面の汚れなど紙面品質低下の原因となる。

　インキローラーの自動洗浄は印刷終了時にインキシリンダーやインキゴムローラー上に自動で洗浄液をかけながら、インキシリンダーに洗浄ブレードを押し付け、その溶液を掻き落としてブレードの下部に設けられた受け皿に集める。作業は機械を回しながらプログラムされた動作でローラーに洗浄液を噴射し、ブレードを着脱させ、インキローラーの洗浄を行う。

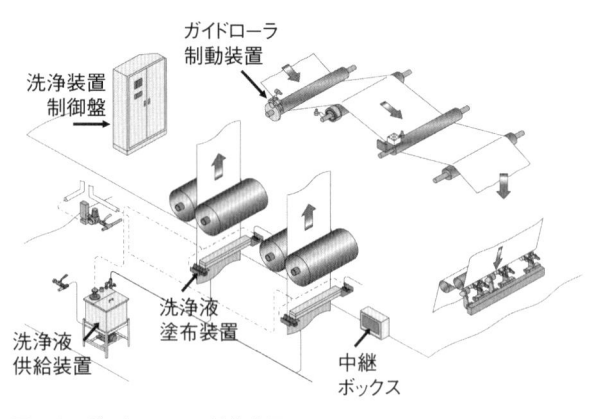

図5-6　ガイドローラー洗浄装置

◆ガイドローラー洗浄装置

　朝・夕刊の印刷後は、長時間の印刷によってガイドローラー表面に、インキや紙粉などが堆積し、放置しておくと紙面の汚れや印刷中のシワの発生、紙流れ*の原因となる。ガイドローラー洗浄装置は、洗浄液を含ませた走行紙でガイドローラー表面に付着した汚れを拭き取り、洗浄する（図5-6）。輪転機の刷了後、紙通し状態でクローリング運転（輪転機の最低速度での運転）をしながら、洗浄液塗布装置で走行紙に洗浄液を塗布する。ガイドローラーの回転を制動装置により制御して、走行紙と速度差を持たせ、ローラー表面の汚れを走行紙で拭き取る。汚れを拭き取った走行紙は、折り機より排紙される。

◆周辺機器が支える新聞印刷

このように新聞印刷は、印刷機本体のほか、さまざまな周辺機器によって支えられている。周辺機器の自動化により省力化と作業効率の向上だけではなく、現在では、印刷中の紙面検査や色濃度管理さえも可能となってきた。周辺機器の自動化は新聞印刷において欠かせないアイテムであり、今後もさらなる発展が期待される。

Column：3　新聞とPOD

現在、前工程における入稿、写真・広告の取り込みから、紙面組版を経て製版までのすべてが、コンピュータの中で処理できるようになりました。紙面データは、紙面組版システムから出力されRIP処理され、最後にTiffデータで出力されます。このTiffデータを使い、前工程最後の工程である製版工程のCTPへも、モニタープルーフにもデータとして受け渡せます。デジタル印刷機へもこのTiffデータを渡すことで、印刷工程の処理もできるようになります。その結果、入稿から印刷までの工程が一元的にコンピュータで処理・管理することが可能となりました。

その1つの取り組みとして、たとえば東京機械製作所では、インクジェット技術を応用した、ウェブタイプの両面4色印刷可能なデジタル印刷機を開発しています。メリットは、POD（Print On Demand）が実現できることや、印刷機の小型化、また資材についても刷版や湿し水が必要なく、環境負荷軽減を図ることができる点です。印刷速度や解像度においては、高速オフセット輪転機に劣りますが、刷版の作成や版胴への着脱する手間や時間をなくすことができ、各地域に印刷拠点をおけば、新聞を搬送する時間や手間も省け、リアルタイム性を重視しながら各家庭へ1部ごとに異なる紙面の配布が可能となります。近い将来の実用化が期待される、デジタル印刷機です。

第6章
キャリア・発送システム

　キャリアおよび発送システムは、新聞製作における後工程となる。新聞製作における後工程は、折り機から完成品として排出された新聞紙をキャリアで発送室へ運び、発送室でカウンタースタッカーにより受注量ごとのスタック（新聞束）に分け、各スタックに宛名札印刷添付装置で宛名札を添付する。その後仕分け装置でこのスタックをそれぞれの行き先別のトラックゲートに仕分け、スタックが配送用トラックに積み込まれるまでの工程となる。

◆キャリア

　輪転機折り部から排出された新聞紙列を発送場カウンタースタッカーまで搬送する装置で、載荷装置、脱荷装置、キャリアコースからなる。（図6-1）

　近年、輪転機の高速化、新聞の多ページ化にともないセンターグリップキャリアが主流となってきた。特徴としては、多ページに対して搬送能力が高く、輪転機の高速化にも対応できる。従来型の搬送装置と比較して工場設計時にレイアウトの自由度が高く、スペースをとらない。また、グリッパーで掴んでいる部数を管理でき、それによりキャリアで小束(少部数の束) を作成できる。

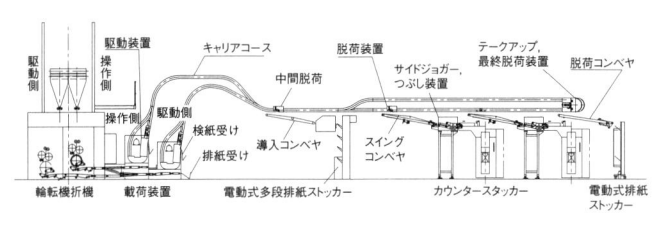

図6-1 キャリア構成例

　今まで少端数は、カウンタースタッカーの最小処理部数に制約されていたが、小束処理ができることで、1ライン2台以上の構成であれば、カウンタースタッカーの最小部数の処理能力にかかわらず、1部から処理ができるようになった。さらに最近の発送設備のシステム化にともない、キャリア上の部数をリアルタイムで取り込めるため、宛名札オンラインシステムから輪転機の自動減速・停止を行っているところもあり、停止精度の向上と損紙低減につながっている。

載荷装置
　輪転機の折り部から排出されてきた新聞紙列を1部ずつグリッパーに掴ませる装置である。印刷物に合わせてコンベヤの高さを自動調整して、掴みを安定させている。また、検紙や刷り出し時の損紙、ペースター、紙面検査紙などを排紙する機能を持っている。

脱荷装置
　搬送されてきた新聞紙列をグリッパーから連続的にまたは

断続的に解放し、スイングコンベヤに落としカウンタースタッカーに搬送する装置である。

キャリアコース
　輪転機から発送場までグリッパーのついたエンドレスチェーンをモータで駆動し、搬送する装置である。

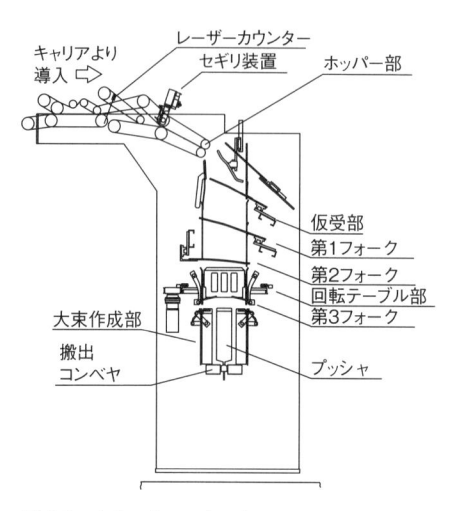

◆カウンタースタッカー

　カウンタースタッカーは、キャリアから送られてくる連続新聞列を計数区分し、区分されたバッチを回転テーブルにて交互に反転させて積み重ね、所定のバッチ数のスタックを作成してスタックコンベヤへ搬出する機械である（図6-2）。

図6-2　カウンタースタッカー

ちなみに、新聞をそのまま重ねると折り目側が高くなるため、所定の部数ずつに分け、交互に反転して積み上げる。このとき分けた一束ごとを「バッチ」と呼ぶ。

　キャリアから送られてきた連続紙列の段差を非接触型レーザカウンターで測定し、新聞の計数を行い、計数された紙列をセギリ装置（紙列上へセギリ板を挿入し、バッチの間隔を開ける装置）で指定されたバッチ部数に区分する。区分された紙列は、ホッパー部（紙列をＶ形にし、腰をつけて仮受部へ飛び込ませる部分）から、仮受部へ堆積される。

　仮受部で作成されたバッチは、下段の各フォークへ受け渡されていく。仮受部と各フォークはエアシリンダにより、紙列の長手方向に開く機構となっており、バッチは自由落下する。バッチが各フォーク間で受け渡される過程でバッチごとの間隔は整流され、回転テーブル部に受け渡される。

　回転テーブル部には、両側に開く第３フォークが装備されており、バッチを保持した状態で、１バッチごとに反転させ、大束作成部に受け渡す。

　大束作成部では、交互に反転させたバッチを積み重ね、所定の部数の束を作成する。作成された束は、プッシャ（束の後ろからプッシャ板を押し出し、束の搬出をする装置）と搬出コンベヤにより搬出される。

◆枚葉式下敷供給装置
　カウンタースタッカーから搬出された新聞束（たば）の下に、搬送途中の新聞紙下面の汚れ、傷みを防止するためクラフト枚葉紙を敷き込む装置である（写真6-1）。カウンター

写真6-1　枚葉式下敷き供給装置

スタッカーから搬出された新聞束を同装置のベルトコンベヤの光電スイッチで検知し、送りローラーで待機位置の下敷紙を新聞束の下に敷き込む。

また、新聞束間隔が狭い端数束（はすうたば）に対しては、一定時間、コンベヤ上で待ち合わせをかけて束間隔を広げる。これにより、下流の発送機器の流れに合わせて端数束を処理することができる。

◆宛名札印刷添付装置

宛名札オンラインシステムから送信される宛名札印刷情報に基づき宛名札（図6-3）を印刷するとともに、カウンタースタッカーへ束（たば）部数データを送信して束作成を指示し、コンベヤからの束シフト信号と照合することにより該当する新聞束に宛名札を添付する装置である。（図6-4）

同装置では、ロールタイプの感熱式記録紙を使用し、パル

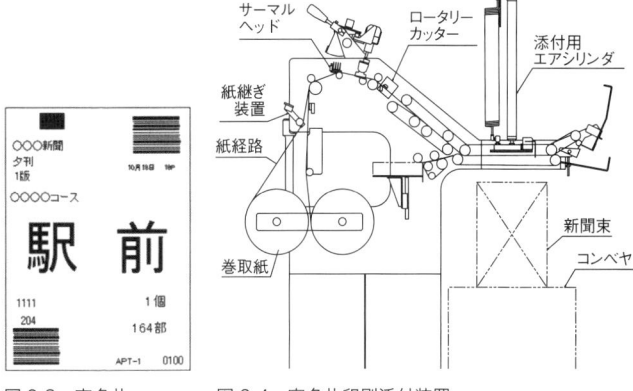

図6-3　宛名札　　図6-4　宛名札印刷添付装置

スモーターで紙送りを行い、サーマルヘッドで宛名札1枚分の画像を印刷する。すべての印刷が完了した連続紙をロータリーカッターにより所定のサイズに裁断、各宛名札を搬送し、所定の位置でエアシリンダによりベルトで挟んだ宛名札を新聞束上に添付する。

◆包装結束機

　包装結束（けっそく）機は、コンベヤにより送られてきた新聞束をポリエチレンフィルムで4面包装（2方シール）または6面包装（4方シール）し、さらにPP（ポリプロピレン）バンドで十字結束（長手1本、短手1本）、またはキの字結束（長手1本、短手2本）する装置である。（図6-5）

生スタックコンベヤ
　生スタックコンベヤは、カウンタースタッカーから排出

キャリア・発送システム　65

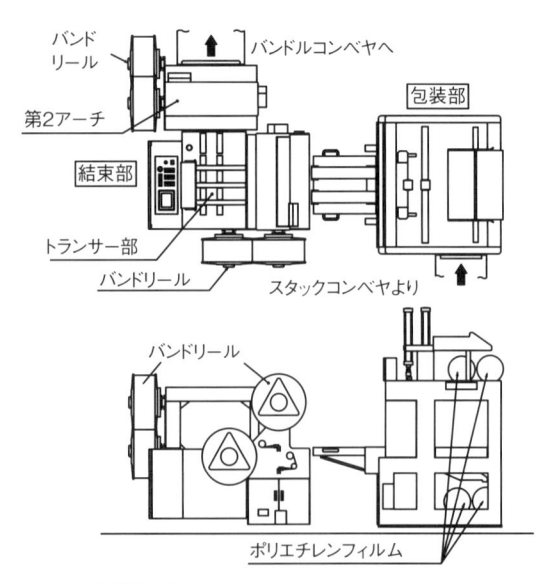

図 6-5 包装結束機

された新聞束を包装結束機まで搬送する装置である(写真6-2)。新聞束の搬送効率を高める待機コンベヤや新聞束搬送のパターンに応じて方向を変更させる移載装置、各機器のメンテナンスのための跳ね上げコンベヤで構成している。

包装部

　生スタックコンベヤで送られてくる新聞束は包装部内コンベヤ上で、新聞束の進行に合わせて上下から送り出されるポリエチレンフィルムで包装されながら搬送される。新聞束は、ポリエチレンフィルムにくるまれた状態で停止し、メインシ

写真 6-2　生スタックコンベヤ

ール部で新聞束後部のポリエチレンフィルムを挟んだ状態で熱溶着し、同時にフィルムをカットする。メインシール部は、カッターを内蔵した上シール台とニクロム線を有する下シール台から構成され、それぞれエアシリンダで上昇もしくは下降する。

結束部

　包装（シール）作業の完了した新聞束は第1結束部へ搬入され、第1結束部で停止、バンドを十分に引き締めて第1結束（長手方向）をする。新聞束の高さが低いときには特殊な爪を出して新聞束の変形を防ぐ。第1結束された新聞束は、トランサー部で直角移載され、第2結束部へ搬送される。

　第2結束部では新聞束を停止させ、第2結束部プレス装置で適当量圧縮し、バンドを十分引き締めて第2結束（短手方向）をする。束の停止位置を変え、2回結束することにより、「キの字結束」をすることもできる。（写真6-3）

写真 6-3　梱包結束した新聞束

写真 6-4　バンドルコンベヤ

バンドルコンベヤ

　バンドルコンベヤは、包装結束機から排出された新聞束を仕分け装置のあるトラックゲートまで運ぶ装置である（写真6-4）。包装結束された新聞束をメインコンベヤラインへ決まった間隔で、タイミングよく投入させるのがバンドルトランサで、メインコンベヤに載った新聞束はトラックローダー*に運ばれていく。

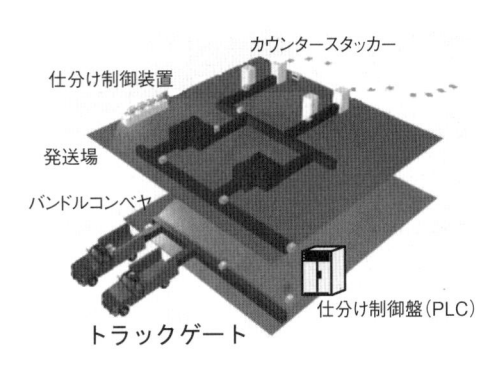

図 6-6　仕分けライン全体図

◆仕分けシステム

　メインコンベヤラインに載った新聞束の宛名札のバーコードを読み取り、各ゲートに着車しているトラックに送り込み、積み込み個数を管理する（図 6-6）。また、宛名札オンラインシステムと連携して、トラックに積み込むための個数情報を取得し、仕分けに必要な「仕分けデータ」を作成する。

　各ゲートでは、オペレータが着車操作を行うことによって、この情報が宛名札オンラインシステム側に通知され、そのトラックの束（たば）が作成される。作成された束は、バンドルコンベヤ上のバーコードリーダーで宛名札のバーコードを読み取り、該当するゲートへ自動で送り出し、積み込み予定個数から減算していく。

　オペレータは、積み込み状況をモニターで確認し、残個数がゼロとなったら積み込み完了操作を行う。これにより宛名札オンラインシステム側にも発車情報が送信され、トラック

写真 6-5　ゲート操作盤（左手前）とトラックローダー

の発車状態を確認できる。（写真 6-5）

　トラックへの積み込み方法は、空いているゲートに着車し、トラックの優先順位により梱包された束が積み込まれるフリーロケーション方式と、配車計画でゲートと着車する順番が決められている固定方式がある。また、標準束など版で共通の束をトラックの優勢順位に従って落としていく。1ヵ所に集中しないように流量制限を設けて、次の優先順位の高いトラックに落とし込む処理をしている。

　近年、バーコードに納める情報が多くなり、バーコードの規格「インターリーブド 2 of 5」(Interleaved Two of Five) を使用しているところが多くなってきている。

　バーコードの情報は、コースコード、折り機コード、版コード、コース内の連番などがある。不良紙、損紙、紙面検査の束についてもバーコードを付けた宛名札を載せ、束を落とすゲートを設定している。

◆宛名札オンラインシステム

　日々変わる販売店の部数情報を取り込み、事前に販売店の出す順序やどの新聞を出すかを登録しておく。事前に登録しておいた情報と当日の部数情報、印刷スケジュールから、宛名札のデータを作成する。

　現在の宛名札オンラインシステムでは、とくに仕分けシステム、キャリアとの連携は欠かせないものとなっている。輪転機が回り、各セットの宛名札印刷添付装置に各種の情報を渡すタイミングはキャリアが新聞を掴んだ信号であり、宛名札は仕分けシステムからゲートにトラックが着車した情報が届くタイミングで作成を始めている。また残部数の管理は、注文部数から各カウンタースタッカーで処理した有効紙部数と補正などで処理した部数、それにキャリア内部数を入れて計算を行っている。(図6-7、6-8)

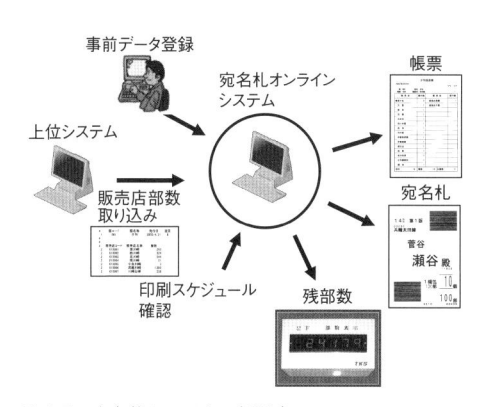

図6-7　宛名札システムの処理内

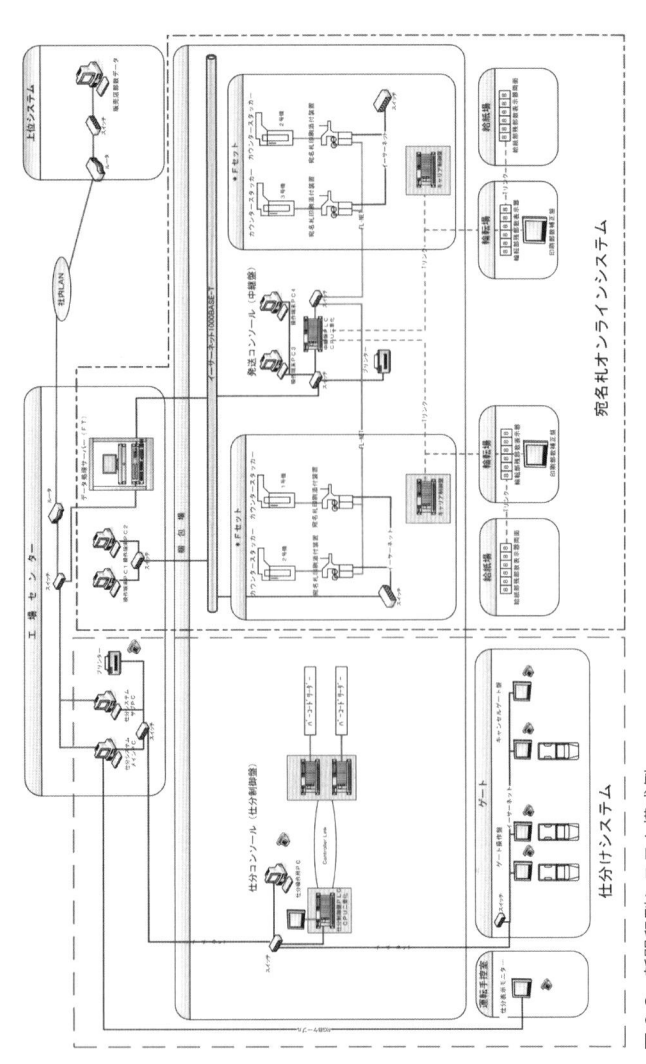

図 6-8　新聞印刷システム構成例

72　新聞製作入門

センターグリップキャリアを使用することにより、グリッパーが掴んでいるキャリア内部数をリアルタイムに取り込み、輪転機の止めるタイミングを指示している。

宛名札オンラインシステムの特徴としては、機器設定の自動化があり、新聞の建てページ、バッチ数、標準束部数、2束条件などがプリセットされる。稼働中にカウンタースタッカーや宛名札添付装置、脱荷装置にトラブルが発生すると、自動的に新聞を搬送するカウンタースタッカーを変え、移行先で束を作成し、宛名札印刷添付装置で宛名札を載せることができる。とくにこの宛名札の配信管理は、サーバーがキャリアパターンを取り込み、そのパターンにあったデータの配信を行う。

たとえば親子パターン（1台が大束専用機、1台が小束処理機）で、大束（おおたば）専用機にトラブルが発生したとすると、トラブル信号からキャリアパターンが変わり、小束（こたば）処理機が単独機に変わる。サーバーはキャリアパターンから小束処理機に配信していた小束データをキャンセルし、単独機にあった宛名札の出し方をスケジューリングして配信する。また、印刷の遅れや急なスケジュールの変更が発生した場合でも応援印刷、版の移動などが簡単な操作で行え、残部数も自動で補正されるようになっている。

◆新聞印刷独自の後工程

新聞印刷と輪転機による商業印刷や出版印刷との工程における大きな違いは、この章で説明したように折り機から排紙後の後工程にある。商業印刷では、折り機から排出された印

刷物は、コンベヤでスタッカーバンドラー*に運ばれてスタックごとにバンドをかけられてまとめられ、そのスタックは、パレタイジングロボット*で、横に置いてあるパレットに積み上げられる。チラシなどを除く書籍や出版物などは、その後パレットごと製本会社へ送られて加工され、最終的に製本されて、製品となる。しかし、新聞印刷では、折り機から排出された状態で、すでに新聞紙としての完成品となっている。その完成品の新聞紙を印刷中に発送場でリアルタイムに処理し、注文部数が各販売店まで届くように仕分け作業を自動的に行う。

　後工程は、新聞社の中で比較的機械化・自動化が遅れていた工程であったが、現在では自動化され、輪転機を出た新聞は人手に触れることなく販売店まで配送されるようになっている。

　そして自宅や会社に届き、あるいはキオスクやコンビニに届き、読者に読まれることになる。

あとがき

　本書は月刊『印刷雑誌』2009年7月号から12月号まで、「リアルメディア供給の現在」として、従来からある紙という媒体における、現在の新聞製作全般について取り上げてきた内容をまとめたものである。

　20年以上にわたり新聞製作に関わる機器を造る仕事に携わってきたが、この連載は今までの新聞製作における技術の進化の過程について、系統だって確認する良い機会となった。

　新聞製作は、その地域ごとの最新のニュースを早朝のうちに各家庭へ宅配するために進化してきたが、その進化は、電算化・デジタル化と自動化の歴史であったと、改めて認識した。

　できるだけわかりやすく説明することを心がけたつもりではあったが、専門用語などの説明が足りなかった部分については、ご容赦願いたい。本書が、新聞社の皆様のほか、新聞製作に興味がある読者の皆様の、新聞製作についての理解の一助となったならば、幸いである。

2010年4月
熊取 義純

用語解説

(P.○＝対応語句のページ数を示しています)

＊ID：あいでぃ。Identity。身分、身元。(P.8)
＊CTP：しーてぃーぴー。Computer To Plate。紙面のデジタルデータを直接刷版（さっぱん）にレーザで描画する装置。その方法全体を指す場合もある。(P.8)
＊刷版：さっぱん。輪転機にかけるため、フィルムを通して、または直接紙面データをアルミ板に焼き付けた版。(P.11)
＊プロッター：紙面データをフィルムに描画する装置。(P.12)
＊鉛版：えんばん。鉛合金で作られた刷版。凸版印刷に使われていた。(P.17)
＊CTS：しーてぃーえす。Computer Typesetting System、Computerized Typesetting System。（金属活字で組んでいくのではなく）コンピュータにより文字組版を行っていくシステム。(P.17)
＊DTP：でぃーてぃーぴー。Desk Top Publishing。直訳すれば机上出版だが、専用システムでなく、PCとソフトウエアの汎用製品により、組版や写真レタッチを行うシステムのこと。(P.17)
＊校正校閲：校正（proof reading）は、原稿の文字が印刷紙面に正しく印刷されるか確認すること。文章の誤りなどを

修正すること。色を確認する色校正は color proofing。校閲（looking over and correcting）は、原稿の内容が正しいかどうか確認すること。人の名前、地名の表記などの誤りを修正すること。(P.19)

＊たたみ機能：記事の始まりを始点に右上から左へ流して割付け領域を埋めていく「流し機能」に対し、「流し機能」と同様に割付け領域を埋めていくが、条件によって領域の埋め方が異なる機能。「流し機能」のバリエーションの1つ。(P.20)

＊ CIE L*a*b*：しーあいいー・えるすたーえいすたーびーすたー。国際照明委員会（CIE：Commission Internationale de l´Eclairage）が定めた色を表現する空間。L*、a*、b*の3つの軸（3次元）で色を表す方法。(P.23)

＊ EPS：いーぴーえす。Encapsulated PostScript。アドビ・システムズ社のページ記述言語である PostScript で保存されたデータ。(P.24)

＊ RIP：りっぷ。Raster Image Processor。多値画像を2値（白・黒、透明・不透明など）画像に変換する装置。画像データを受け取り、出力機に描画するために出力機の解像度に合った画素情報（ラスターデータ）に変換する。(P.26)

＊ Tiff：てぃふ。Tag Image File Format。画像フォーマットの一種。ほかの画像フォーマットは、EPS や JPEG などが有名。(P.26)

＊ ISDN：あいえすでぃーえぬ。Integrated Services Digital Network。サービス総合デジタル通信網。(P.26)

＊ FTP：えふてぃぴー。File Transfer Protocol。ファイル転送プロトコル。(P.26)

＊LAN：らん。Local Area Network。(P.26)
＊CTF：しーてぃーえふ。Computer To Film。フィルム製版システム。画像データをフィルムに出力する装置。(P.27)
＊トンボ：印刷において刷り位置を正確にするために版や原稿につける十文字の印。(P.31)
＊PS版：PreSensitized plate。平版印刷に広く用いられる版材。薄いアルミ板に感光液が塗布してあり、製版時に原板の焼き付けができるもの。(P.32)
＊インチ：inch。印刷産業や印刷技術では慣習として、国際単位のメートル表記でなく、おもにアメリカで主流のインチ表記をする場合が多い。(P.35)
＊AGV：えーじーぶぃ。Automatic Guided Vehicle。無人搬送車。(P.37)
＊ブランケット：Blanket。版上の画線部（画像部）に着いたインキを紙に載せるための中間転写材。オフセット印刷には欠かせないゴム状の材料。(P.39)
＊ファンアウト：fan out。印刷中に印刷用紙が扇状に広がっていくこと。紙伸び。(P.39)
＊シェル版胴：駆動側の胴が操作側で軸となって、その軸へ操作側の胴がシェル（円筒）として被さる構造の版胴。操作側、駆動側で個別に見当調整ができる。(P.40)
＊ターンバー：ウエブの方向を変えるバー（P.41）
＊IDCC：あいでぃしーしー。In-Direct Catch Carrier。(P.44)
＊ファン：折られた新聞を折り部から受け取り、コンベア上に置く装置。扇風機の羽根の形に似ていることからこの名がついた。羽根車とも言う。(P.44)

＊タブ：Ｖ字仕立てでＶ字先端部につける両面テープからなるラベル。(P.48)
＊スケータ：床下に軌道があり車輪が床下に入っていて、積載部のみ地上に出ている手押し台車。(P.49)
＊給電トローリー：トロッコ走行経路のガイド溝に沿いながら、床下に敷設されているトロッコへ電気を供給する装置。(P.49)
＊紙流れ：印刷中にウエブが走行方向に対し、直角（横）方向に継続的または断続的にズレるトラブル。(P.58)
＊トラックローダー：バンドルされた新聞束をトラックゲートでトラックに載せるためのコンベアからなる搬送装置。(P.68)
＊スタッカーバンドラー：設定している部数ごとにスタックし（積み重ねる）、PPバンドを使い、十字型または平行2本掛けで結束する装置。(P.74)
＊パレタイジングロボット：アーム型のロボット。スタッカーバンドラーから出てきたスタックをつかんで、パレットの上に自動的に効率よく積み上げる装置。(P.74)

索　引

英字

A 巻き　36
Adobe RGB　22
AGV　37，50
BB　39
C　→シアン
C 巻き　37
CIE L*a*b*　23
CMS　21
CTF　27
CTP　8，29
CTS　17
D 巻き　37
DTP　17
EPS　24
F 巻き　37
FTP　26
ICC プロファイル　22
ID　8
IDCC　44

ISDN　26
Japan Color　22
K　→ブラック
LAN　26
M　→マゼンタ
POD　25
PS 版　32，45
RIP　26
Tiff　26
V 字仕立て　38
Y　→イエロー

あ　行

アジャストローラー　53
アタッチメント　51
アブレーション　30
イエロー　52
一文字仕立て　38
インキゴムローラー　57
インキシリンダー　57

インターリーブド 2 of 5　70
インフィードローラー　39
ウェット方式　27
ウエブ　11
鉛版　17，45
大ゲラ　21
オフセット輪転機　33

か　行

ガイドローラー　41，58
カウンタースタッカー　11，62
カットオフコントローラー　53
紙継ぎ支度装置　48
紙流れ　58
カラーコントロール装置　52
カラーマネージメント　→ CMS
環境　31
ガンマ値　22
記者ワープロ　18
キの字結束　65
キャリア　11，60
キャリアコース　62
キャリブレーション　25
給電トローリー　49
グリッパー　60
クローリング運転　58
咥え胴　44
現像レス　32
校正校閲　19
固定方式　70

さ　行

載荷装置　61
刷版　27
サーマル方式　29
シアン　52
シェル版胴　40
十字結束　65
ジョーフォルダー　44
新聞組版ソフト　20
スイングコンベヤ　62
スケータ　49
スタッカーバンドラー　74
スタック　11
スリッターナイフ　41
セギリ装置　63
セクション折り　42

全自動製版機　28
素材サーバー　18

た　行
タブ　48
タワー型印刷機　52
ダンサーローラー　39
たたみ機能　20
脱荷装置　61
ターンバー　41
地ダネ　10
ティーチング　54
デバイス　21
デバイス・インディペンデント・カラー　22
デバイス・ディペンデント・カラー　23
デブリス　30
テンション　38
ドライダウン　23
ドライフィルム　27
ドライ方式　27
凸版　12, 45
トラックローダー　68
ドラックローラー　41
トランサー部　67

トンボ　31

な　行
流し機能　20
生スタックコンベヤ　65
ノンブル　7

は　行
配送経路　14
バッチ　63
パレタイジングロボット　74
バンドルコンベヤ　68
バンドルトランサ　68
ファン　44
ファンアウト　39
フィルムプロッター　27
フォトポリマー方式　28
フォーマーボード　42
プッシャ　63
ブラック　52
ブランケット　56
ブランケット胴　39
フリーロケーション方式　70
プリセット　46

プリプレス　12
プルーフ　24
プレス　13
プレスコントロールシステム　46
ブレード　44
プロッター　12
ブロード紙　35
ベイウィンドウ装置　41
ペースター　37
ポストプレス　14
ホッパー部　63
ポリエチレンフィルム　65

ま　行
マゼンタ　52
マットフィルム　27
面　8, 20
モニターディスプレイ　23
モニタープルーフ　24

ら　行
ラテ面　21
レイアウト　19
レールフレーム部　35, 41

レジスタマーク　53
ロータリーカッター　65
ロータリーフォルダー　43

わ　行
割付　13

〈著者紹介〉

熊取 義純（くまとり よしずみ）

1963年兵庫県生まれ。1985年、株式会社東京機械製作所に入社。電機制御部、技術企画部、海外営業部、商印営業部、営業技術部などに所属の間、1988年と2004年に数年間 TKS（U.S.A.）,Inc. へ出向。現在、知財管理部知財管理課。

新聞製作入門

2010年4月30日　初版発行
2010年8月30日　初版第2刷発行

　　著　者　　熊取　義純
　　発行者　　中村　幹
　　発行所　　株式会社 印刷学会出版部
　　〒104-0032　東京都中央区八丁堀4-2-1
　　TEL.03-3555-7911　FAX.03-3555-7913
　　info@japanprinter.co.jp
　　http://www.japanprinter.co.jp
　　　本書をお読みになった感想や，ご意見ご要望を
　　e メールなどでお知らせ下さい。
　　印刷・製本　　杜陵印刷株式会社

©YOSHIZUMI KUMATORI　2010 Printed in Japan
ISBN978-4-87085-197-9

印刷の未来を見つめる
技術情報誌

Japan Printer
印刷雑誌

大正7年(1918年)の創刊以来、90年以上の長い歴史をもつ,印刷に関わるデザイン・科学・技術専門誌。
印刷・製版・製本・デザイン・出版に関する国内外の情報・関連技術も積極的に紹介した多角的な誌面構成です。
印刷に関する情報収集、教育には本書の年間購読をお薦めします。

株式会社印刷学会出版部 発行　　毎月20日発売
社団法人日本印刷学会 機関誌
B5判カラー・84ページ／定価1,470円(本体1,400円+税)
※年間購読(12冊分)＝17,640円(本体16,800円+税)

年間購読は送料無料

過去の主な特集タイトル

・プリンタブルエレクトロニクス
・サイン・ディスプレイ
・印刷周辺の環境対応
・PUR製本
・リアルメディアの新聞
・印刷企業の未来像
・オフセット印刷機の整備知識

---※---

◎**無料Webマガジン『週刊印刷雑誌』創刊！！**
毎週月曜日(休日の場合は翌日) 10：00 発行。好評刊行中。
当社Webサイトまたは検索サイトから　"週刊印刷雑誌"　でクリック！
☆1週間の印刷業界関連ニュースがいち早くわかります。

印刷学会出版部書籍案内

印刷用語ハンドブック 基本編
帆風出版プロジェクト編

基本的な印刷用語をただ並べるのではなく,印刷の基本的事項の解説書と事典の両方の機能を持ち合わせるよう編集した。新人からベテランまで,手元に置いておきたい印刷業界必携の書!

四六判／定価2,520円

改訂 誰でもわかる「印刷のできるまで」デジタルワークフロー版
富士フイルムグラフィックシステムズ編

DTP, CTP, オンデマンド印刷など,デジタルによる印刷工程をだれでも理解できるように平易な文と図版を多用して解説。

A4判／定価4,200円

印刷現場の予防保全
川名茂樹著

突発事故,突発修理による損失をなくし,安定した生産と利益創造のために印刷企業が取り組むべき予防保全と企業改革の方法を解説。

A5判／定価2,940円

予防保全 印刷企業の実例を探る
川名茂樹著

現場での予防保全を推進する様々な印刷会社を実名で紹介し,具体的事例と教訓をレポートした現場中心の保全指南書。『印刷現場の予防保全』に続く第2弾。

A5判／定価3,360円

グラフィックソリューション15 付加価値とUV
印刷学会出版部編

『印刷雑誌』別冊シリーズの15弾。差別化を図る印刷企業の武器となるUV印刷・加工技術の動向と展望から,付加価値印刷の糸口を探る。

A4判／定価3,150円

メディア・ユニバーサルデザイン
みんなに優しい情報制作のガイドライン
全日本印刷工業組合連合会著

誰もが公平に情報を入手することを目指すMUDを取り巻く現状調査や,企業・団体の取り組み,技法,適応例をオールカラーで解説する。

A4判／定価5,040円

印刷学会出版部書籍案内

❋

印刷技術 基本ポイント
枚葉オフセット印刷編

日本印刷産業連合会編

印刷に興味がある学生や,印刷企業の新入社員,再度基本から印刷を学ぶ人々を対象にした入門書。印刷技術の初級知識をフルカラーで紹介する。

四六判／定価1,050円

新・印刷機械入門

泉和人著

印刷機械や自動化機器,加工機器についての紹介,機構,性能などを図版を多用してわかりやすく解説した。

A5判／定価2,940円

オフセット印刷の管理法

照井義行著

機械や環境など様々な変動要素の管理法,そしてトラブルが起こったさいの対処法を,現場オペレータの視点から平易な言葉で解説。

A5判／定価2,940円

電子出版の構図
―実体のない書物の行方―

植村八潮著

電子書籍ブームは12年前から始まっていた。繰り返される"電子書籍元年"への軌跡とは。
メディアの未来は過去を知らずして語れない。

四六判／定価2,100円

我、電子書籍の
抵抗勢力たらんと欲す

中西秀彦著

電子端末の台頭,紙の消えゆく社会。印刷の未来はどこに向かうのか。デジタル情報化社会の奔流に立ち向かう老舗印刷屋の最前線。

四六判／定価1,680円

『印刷雑誌』とその時代
―実況・印刷の近現代史―

中原雄太郎 ほか監修
印刷学会出版部編

117年にわたって日本の印刷文化・技術の変遷を見続けてきた『印刷雑誌』から厳選した各分野の記事を通し,近現代印刷史を通覧する。

A5判上製／定価9,030円